地方自治を拓く

70～90年代の革新中野区政の経験から

小澤哲雄 著

自治体研究社

序　地方自治の未来を切り拓く中野の共同

一橋大学名誉教授
渡辺　治

本書は、一九七一年から三二年にわたって中野区議会議員として活動し、革新区政の創設、維持にかかわってきた小澤哲雄さんが自らの経験を踏まえて綴った中野革新区政のあゆみである。中野区政、小澤さんとのおつきあいも長い。小澤さんが区議を引退後も、いまに至るまで、九条の会・中野、中野区革新懇などでおつきあいが続いている。そんなわけで、序文を書くような資格はあるのかと思いつつ、一言、書こうと思った次第である。

本書を読むに当たって、読者のみなさんに〝ぜひともこの点には注目していただきたいなあ〟という点がいくつもある。いずれも、今後の日本の政治、地方自治をどう展望するかに大きな教訓となる点である。そこで、私がぜひとも注目しつつ読んでいただきたいと思った点を五つだけ指摘して、序に代えたい。

革新区政を生み育てた、二つの共同

本書で注目したい第一点は、中野で革新の区政をつくり政治を前進させる時には、必ず、二つの共同がつくられ、それが合流したという点である。

一つは市民の広範な共同の運動であり、もう一つは、その力を土台にした議会における政党間の共同である。

江原小学校第二校庭を守る運動、上鷺宮開発計画への反対と自主的街づくり、区長準公選から、さらに中野刑務所廃止と跡地の民主的利用、そして教育委員の準公選に至るまで、数え切れない課題に市民が幅広い共同で立ち上がり、たとえば教育委員準公選の「中野の教育をよくする会」をはじめ、知識人が名を連ねた市民の組織を作って運動を展開した。これがなければ、革新区政も、また区政が行った数々の事業もできなかったことは明らかであった。その意味で市民の広範な共同の運動は、中野革新区政の原動力であった。

しかし、市民の共同だけでは、区政を変える事業は実現できなかった。その運動の力と組んで、議会の場で多数派を形成する政党間の共同がなければ、そもそも革新の区長を誕生させることも、また予算を含む画期的な事業を実現することもできなかった。

しかも、この政党間の共同は、課題実現のため思い切った幅の広いものであった。保守区政を変えて大内革新区政を誕生させたのは、公明党や民社党を含めた「反自民五派連合」だったし、教育委員準公選を実現したのは、市民の運動に支えられながら、すでに共同を離れていた公明党や民社党のみならずなんと自民党も含めて、議会で全会一致を勝ち取るための政党、議会人の共同を求める努力であった。本書の筆者小澤氏が、こうした政党、議会の共同のために奮闘したことはいうまでもない。

政治を変えることの意義

本書で注目したい点の二つ目は、この共同の力でつくられた、革新区政、革新の地方政府が、暮らしを大きく変えるという点である。

戦後安保共闘、最近の市民と野党の共闘はいずれも国政レベルの課題を解決するためにつくられたが、未だに共同の力による自らの政府すなわち連合政権をつくったことはない。中野の革新区政の経験は、共同した力が区長を擁立し革新の区政を行うことができれば、いかに豊かな政治が実現できるかを生き生きと示している。

大きくは、くらしと平和の二つの柱で、革新の区政は大きな変革を次々成し遂げた。中野刑務所の廃止、ゼロ歳児保育の実施、障害者福祉、高齢者福祉。勿論、中野区が誇る教育委員の準公選の実施などは革新区政の手でなければ絶対に実現できなかった。

それだけではない。革新の区政は、平和の柱でも大きな仕事をした。「憲法擁護・非核都市宣言」を出したのみならず、それを行政に具体化する「平和行政条例」を制定、実施した。自治体外交も展開した。読者は、政治を変えることがどんな大きな可能性を持っているかを知ることができる。

地方自治と民主主義の発展

本書で注目したい点の第三は、革新区政が暮らしを変えたばかりでなく、地方自治と民主主義を大きく前進させ豊かにしたという点である。

京都の蜷川府政に次いで、一九六〇年代後半から美濃部都政、黒田大阪府政はじめ、全国に革新自治体が簇生し、七〇年代前半には全国の住民の半数が革新自治体の下で暮らすという状況が生まれた。革新都政は、一方で福祉や環境の問題で多くの改善をあげただけでなく民主主義の面でも大きく前進した。それは文字通り、国政レベルの民主主義の土台をなすものであった。

しかし、地方の民主主義と言っても東京の人口は美濃部都政の時代すでに一〇〇〇万を超えた。中野でも三〇万である。「地域」の民主主義は目に見える、歩いていける大きさの中で初めて育ち、機能するものだ。中野革新区政は、この「地域」の民主主義という点で、革新都政の民主主義を超える試みをした。それが、大内区政の時構想され、青山区政にかけて、全地域でつくられていった「住区協議会」であり、「地域センター」であった。本書は、この民主主義を重視し、注目しているが、これこそ、地方自治と民主主義の到達点である。この住区協議会の意義を大内区長のつくった「特別区制度調査会答申」はこういう。

「中野区は『参加による区政』を区政の基本とし、対話集会を含め広聴活動や審議会の活用を通じて、区民の意向を区政に反映させる努力を行っている。しかし、『参加による区政』を実現していくためには、区政担当者が区民の個別的ないし集団的苦情や要望を聞くだけでは十分でない。区民が一定地域の共通問題の解決策を自らの手で、あるいは区政担当者と共同して作成し、それを区の政策の一環として実現することができなければならない」。

私は、ここに、地方自治の真髄があると考える。しかも、こうした住区協議会構想が、机上で浮かんだアイデアではなく、保守区政の下で強引に推し進められようとしていた上鷺宮地域の開発反対運動の中で、たんに反対するだけでなく区民自らが街づくりを構想する組織として作った「上鷺宮生活環境整備計画協議会」の経験を普遍化した構想であったという点も、本書が強調する注目点である。

新自由主義地方政治に対抗する新たな地方政治の共同への展望

本書で注目してほしい第四点は、本書が中野の革新区政の回顧にとどまらず、九〇年代以降新自由主義の地方政治により破壊された地方自治を、再建し発展させたいという強い意欲にもとづいて書かれた本だ、という点である。

中野革新区政は、神山好市区長の三期目を境に大きく変質し、以後保守区政が続いた。この後期神山、田中区政は、たんなる旧い保守区政への復帰と言うことでなく、九〇年代にはいって自民党政権によって兇暴に進められた、新自由主義政治の地方版であり、革新区政の成果を次々掘り崩した。こうした新自由主義地方政治は、決して中野区政だけではない。財政再建を名とする、職員の削減、福祉公共施設の民営化、民間委託、規制緩和などは、いま、全国の自治体を席捲している。この区政が続く中で中野革新区政の多くの成果も壊されていった。

しかし中野区の特筆すべきところは、ここで終わっていない点だ。二〇一四年末から始まった「市民と野党の共闘」を踏まえて、中野では、市民と野党の共闘が政策協定を結んで五選をめざした田中区政を倒し、酒井区政を誕生させたのである。酒井区政が、革新区政とは異なる形ながら、新たな共同の区政に発展するのか否か、本書はそれを見守る形で終わっている。

新自由主義政治を変える新たな福祉の政治は、国政レベルでは勿論、未だ地方自治体でもその姿を現していない。中野はその先頭に立つ可能性を持っているし、そうした中野の力は、革新の区政をつくり維持してきた、あの二つの共同の伝統のせいではないか。本書は、その意味であくまでも未来を展望している。

＊

ここで、いささか私事にわたるが、私の中野とのかかわりを書くことをお許しいただきたい。実は、私と私の家族も一九八〇年代初め、つまり青山区政の一期目から神山区政の変質する九四年まで、文字通り革新区政のただ中の時期、一五年ほど中野で暮らした経験を持っている。

引っ越して程なく、子どもが生まれた。一歳から毎日娘を自転車の荷台に載せて近くの区立保育園に通った。小学校に入ると、学童保育のお世話になった。子どもは保育園の頃は年の半分近く病気になる。妻とどちらが子どもを引き取りに行くかでけんかしあいながら、共働きの私たち夫婦には、革新区政は生活の不可欠の基盤であった。休日診療、民主的なそれも含む多くの医療機関にどんなに世話になっただろう。

強く印象に残っているのは、保育士（当時は保母さんと呼んでいた）たち、保育園で働く職員の生き生きとした顔だった。私は、そこに革新区政のもう一つの大事な特徴をみた。

私も少しは革新区政のためのお手伝いをした。本書にも出てくる、中沢ひろやさんからは、何かとい

う と電話で呼び出され運動のお手伝いを仰せつかった。また、中野区の依頼に基づいて、「男女共同参画」の委員も、中野を転出するまで努めた。

私たちだけでなく、たくさんの市民が革新区政の恩恵を受けた。空気のように、それがあたり前だと思って…。しかし実は、それは空気ではなく、市民の運動によって何とか維持されてきた成果にほかならなかったことを、本書を読んで改めて実感した。

＊

本書が刊行される現在、安倍政権の政治に対抗し、その悪政に歯止めをかけ安倍政治の転換をめざして、二〇一四年末から「総がかり行動実行委員会」という形の「市民と野党の共闘」がつくられ、活躍している。この共闘は、六〇年安保闘争でつくられた安保共闘以来五五年ぶりに国政レベルでつくられたものであった。この共闘は、中野をはじめ、地方自治体のレベルでの共闘、あるいは課題毎の一点共闘という形での様々な共同の試みの上につくられたものであると同時に、逆に、この「市民と野党の共闘」に励まされて、中野でも新たな共同の試みが起こっている。そういう意味では、本書がふり返る経験は過去から未来につながっている。

本書をできるだけ多くの、とりわけ、「革新」とか「美濃部」と言う言葉も知らない若い人々に読んでもらいたい。

はじめに

昨年、私は中野区革新懇（平和・民主・革新をすすめる中野区懇談会）のお招きで「区民参加の壮大な実験―70～90年代の革新区政とは何だったのか―」のタイトルで講演を行いました。

参加された多くの方から、話にあった中野区の貴重な歴史が忘れ去られては残念だ、なんとか活字にして残してほしい、と強く要望されたことが、この拙文を書くきっかけでした。この本のタイトルは、その時の演題を改題したものです。

もとより文章を書くなどということは極めて苦手で、文才もなく、随分迷いました。しかし、拙い文章でも、やはり書き残して置くべきではないかと考えました。それは、この時代の中野区政の在り方が、今日の区政の在り方にも、ひいては地方自治全体との関わりでも、十分生かすべき素晴らしい教訓に満ちていると確信を持っているからです。この時代を切り開いてきた歴代の中野区長や先輩議員は、文字通り地方自治の本旨とは何か、を模索し想像し、そして実践していました。その逞しい活動は目を見張るものがあったのです。

この拙文の主な部分は、私自身が関わった、そうした議会活動と区民運動の視点からの記録です。客観性やその評価には片寄りがあるのではないかと、いささか不安もあります。

また、十分意を尽くせないところは、本書の序文を書いて下さった一橋大学名誉教授の渡辺治先生、

「本書ができるまで」を寄稿していただいた専修大学名誉教授の晴山一穂先生、東京都立大学名誉教授の兼子仁先生、明治大学元教授の三上昭彦先生、そして日本女子大学名誉教授の田端光美先生（著書からの引用）、さらに当時の中野区政に深く関わった教職員組合の神山三郎先生や菊地恒美先生などの文章でそれを補っていただく外にないと考えます。

文章化するに当たっては、私個人の記憶や思いに頼るのではなく、できるだけ客観的な資料、残されている記録に依拠することにしました。

しかし、それでもなお記憶違いや、間違いもあると思います。お読みいただき、そのことに気付かれた方は遠慮なくご指摘いただきますようお願い致します。

本論に入る前に、舞台となっている中野区の簡単なプロフィールをご紹介します。

中野区は、東京23区のうちの1つで、どちらかというと都の西部に位置しています。東は新宿・豊島、西は杉並、南は渋谷、北は練馬の各区に接しています。

区の面積は15・59平方キロメートルと小さく、人口も32万人余で23区で中位です。鉄道はＪＲ中央線・総武線、西武新宿線、地下鉄は東西線と丸ノ内線、都営大江戸線が走るのみです。

戦後、都市計画の実行より早く、農地が続々と宅地化されて、都心へのベッドタウンとして発展してきました。そのために人口密度が高く、道路面積も狭く、公園や緑にも恵まれない典型的な過密都市となっています。

戦前は陸軍中野学校、戦後は警察大学校、警視庁警察学校が中野の中央部にあり、また、西武新宿線

中野区全域と 15 の住区協議会エリア
出所：一番ヶ瀬康子、大森彌、田端光美編著
『中野区・福祉都市への挑戦　21 世紀にむけての地域型福祉サービス』
あけび書房、1993 年

沿いの新井町には中野刑務所（戦前は豊多摩監獄・刑務所）がありました。作家で共産党員の小林多喜二をはじめ、経済学者の河上肇、哲学者の三木清など、戦争反対者、天皇制反対者、自由主義者、宗教者などおびただしい人々が、治安維持法犯としてここに囚われていたことでも有名です。本論でこれらの施設がその後どうなったか詳述しますが、大方は解放されています。

しかし、中野区政の最大の課題は、今日でも、いかにしてこの過密を解消するか、そして安心して住み続けられる中野、優れた住宅都市中野をどのように実現していくのかに変わりはありません。

巻末に資料として残っている文献を掲載しました。これらの文献は、いまは図書館でしか読むことができません。機会があったら是非、中野図書館を訪ねられることをお勧めします。

地方自治を拓く　70～90年代の革新中野区政の経験から

目次

装画　根岸俊男
装丁　アルファ・デザイン

第1部

区民の運動が実った、区民が主役の革新中野区政

第1章　革新区政の前史

1 「中野懇談会」とは

東京23区で初めての革新区政がなぜ中野区で誕生したのですか、と当時から多くの人が問いかけていました。それは、後に詳しく述べるように、直接的には１９７１年（昭和46）の全国一斉地方選挙で共産党、社会党などの革新政党・諸派がそれまで単独で過半数を占めていた自民党を打ち破り、中野区議会で多数派になったことによります。

また、なぜ自民党の単独過半数割れを引き起こせたのか、と質問が続きます。それに対しては、中野の〝革新的な政治風土〟と、それをよりどころとした区民の運動が大きな要因だったと、言っていいと思います。

この中野の〝革新的な政治風土〟を考える上で特筆されるのが、「中野懇談会」です。設立は１９５４年（昭和29）。中野には、著名な学者・知識人が数多く住んでいました。元東京大学総長の大河内一男さん、元早稲田大学教授の洞富雄さん、元東京都立大学教授の三井為朝さん、哲学者の古在由重さん、経済学者の向坂逸郎さん、元中央公論編集長の黒田秀俊さんなどがこの懇談会の呼びかけ人になっていることからも、それが分かります。ほかにも、詩人で作家の壷井繁治・栄夫妻、松田解子さん、大江賢治さん、津田塾大学元学長の藤田タキさんなど、名前を挙げきれないほどの方がいます。この方たちが、地域で一緒に暮らす人に与えた影響が大きかったと思います。

「中野懇談会」の設立趣意書を紹介しましょう。

そこでは、「第一に、どうしたら平和を守ってゆけるかを話合い、研究し合います。（中略）第二に、私たちの住んでいる町や中野区を本当にあかるい、住みよい町にするために努力します。（中略）第三に、中野懇談会は区内に住んでいるあらゆる人々が、自由に話し合えるような空気をつくっていくことに努力します。若い者と年より、男と女、主婦と政治家、商人と勤め人、知識人と勤労者、役人と市民、というような階層がみんなばらばらになっていて、殆ど孤立していることが、一番いけないことです。こんなことでしたから、お上から命令されてできた隣組とかにがんじがらめにされてしまって、ひとり言や寝言をいうのにさえびくびくしなければならなかったのです」。（中略）「いま、またも思っていることが言えないような空気が出てきたということは非常に危険なことです。私たちはどこまでも自由に物が言える空気を守ってゆきましょう」（中略）と呼び掛けているのです。

中野区著『中野区史　昭和編三』中野区、１９７３年より

当時の資料を見ますと、本部事務局のもとに地域支部が９つもできていますから大変な組織力を持っていたことも分かります。

この構想を抱いたきっかけは、第２次世界大戦時、フランスやイタリア、スペインなどで戦われた反

ファッショ人民戦線の偉大な運動を想起して、日本ではそれができなかったことの反省にたってのことだったと、当時の人々が回顧していていたことを思い出します。

2　原水爆禁止運動

中野懇談会がもっとも大きな力を注いだのは原水爆禁止運動です。東京湾の夢の島に第5福竜丸が展示されていますが、これは1954年（昭和29）3月、アメリカが太平洋のビキニ環礁で水爆実験を行い、その放射能によってマグロ漁に出ていた日本人の漁師が被曝した事実を示す遺構です。広島・長崎に続く、第3の深刻な原爆被害だったのです。この原爆被害を絶対に忘れず、保存しようとの運動が巻き起こり、今も、被曝の生き証人として第5福竜丸が保存されています。

原水爆禁止運動が本格的に始まるのはこの重大事件からです。中野懇談会が中心となって各方面に呼びかけ、「中野区原水爆禁止運動協議会」（仮称）が1954年（昭和29）7月に結成されています。当時の資料を見れば思想信条、党派を超えての大運動体が組織されていたことが伺えます。集まった署名は10万人以上。原水爆反対の運動は労働組合はもちろん、PTAや一般区民、そして中野・野方の魚商組合などが独自のデモを行うなど戦後最大の平和運動が繰り広げられたのです。

３　旧中野区役所跡地処分「疑惑」をめぐる住民監査請求運動

中野区役所は、以前はＪＲ中野駅の南口にありました。当時のことを覚えている方は少なくなっていると思います。現在の中野駅北口に区役所が出来たのは１９６８年（昭和43）です。

南口の区役所跡地には、現在、中野郵便局と高層の郵政宿舎、中野区医師会会館が建っていますが、この跡地の処分を巡って様々な疑惑や憶測が飛び交っていました。

東京郵政局に払い下げるにあたって、なぜ上野の京成電鉄（東京郵政局が所有する上野駅正面の土地を京成電鉄に売却、その資金を当て込んで、東京郵政局が区役所跡地買収。そのために売却先に京成電鉄も明記されていた）が裏で動いているのか、処分の値段が不当に安いのではないかなどです。

南口の商店街にとって区役所の移転は、命取りにもなりかねない問題でもあり、その運動の中心になり、多くの区民を巻き込んで、中野区政で初めての跡地処分の不当性を訴えた住民監査請求を起こしたのです。

残念ながら当時の監査委員はこの請求を認めませんでした。そのため区民は、東京地裁に提訴するという事態にまで発展します。後にこの提訴は東京地裁が却下、住民は直ちに東京高裁へ控訴。その後、新しい革新区長のもとで住民との話合いが成立。訴訟取り下げという経過を辿ります。この跡地処分の契約案件は自民党の賛成多数で可決されますが、その時、区民の怒りは頂点に達しました。

4　議員報酬お手盛り引き上げ反対の区民運動と区議会本会議場占拠事件

時あたかも、区議会議員並びに中野区長等特別職報酬引き上げ条例案が、同じ定例会に上程されました。

区民は、自分の給料を自分（議員）で決めるのはまさに〝お手盛り〟ではないかと怒りました。この議員報酬お手盛り引き上げ問題は、中野区だけでなく、ほかの多くの区でも大きな反対運動が起こっています。当時の新聞も問題ありと報道していました。

区役所跡地処分契約案件と、議員報酬お手盛り引き上げの２つの議案を自民党などが強行突破しようとしたことから、怒った区民は議場の入り口にバリケードを張り、傍聴席から本会議場になだれ込み、議長席を取り囲んで占拠するなど、今で言えばかなり激しい抵抗運動が行なわれていたのです。最終的には、区政史上前代未聞の警官隊が導入され、実力で区民は排除されたのです。夜中の12時を回ると議会が流会になり議案が消滅するという事態を前に、職員が時計の針をこっそり逆戻りさせるという大珍事まで起きました。

しかし、このことから、区政を変えようとの運動は、過去に例を見ないほど盛り上がっていったのです。（この３、４は参考文献『中野区議会史　本史』中野区議会発行を参照）

実は、区政の民主化運動に私が最初に関わることになったのが、これらの事件からです。当時25歳、血気盛んでした。

5　自治権拡充・区長公選復活運動

戦後初めての地方自治法制定（1947年・昭和22）で、東京23特別区の区長も住民の直接選挙で選ばれるようになりました。にもかかわらず、早くも1952年（昭和27）の自治法改正で、区長の公選制が廃止になります。それに対する不満と怒りは大きく23区どこでも、広く区民を巻きこんだ区長公選復活・自治権拡充の大運動として繰り広げられました。

中野区でも先に述べたように区政を巡る様々な対立と混乱がある一方で、「自治権拡充期成同盟」の結成など、自治権拡充運動は、党派を超えた住民ぐるみの運動となって、後に述べる区長準公選運動へと発展していくのです。

6　江原小学校第二校庭を守る運動

ことの発端は、江原小学校の児童数が増える中、校舎改築用地として確保されていた第二校庭敷地に、突然、幼稚園建設計画が区議会で決まりました。この計画をいち早く知った教職員組合の先生がＰＴＡに知らせ、不信を抱いた江原小ＰＴＡの人たちが中心となって、「第二校庭を守れ」の運動が起きたのです。校庭も大事、幼稚園建設も大事と議会も地域も混乱する中、学校施設はいかにあるべきか、との議論が単に江原小ＰＴＡだけでなく、東京全体にも広がっていきました。運動の中心にいた江原町在住の東京大学の大河内暁夫教授などの影響もあり、多くの学者、教育関係者が校庭を守れの署名運動を呼びかけました。結果、なんと３万８千人もの署名が集められ区議会に陳情されるのです。この運動の高まりは、教育問題への区民の関心の高まりと併せて、区政刷新への大きな力となっていったのです。

この問題の最終的な解決は、大内正二革新区長の誕生まで持ち越されました。もちろん、大内区長はＰＴＡや教職員の意思を尊重して、幼稚園建設計画を撤回しました。

７　上鷺宮地域開発計画反対運動

中野区西部の上鷺宮地区はいわば高級住宅地区で、学者・知識人が多く住んでいて、当時は、農地や屋敷林なども まだ残されていました。自民党区長のもとで、上鷺宮整備計画が突如持ち上がりました。この計画は、住宅街の真ん中を新青梅街道のバイパス道を縦貫させることを中心としたもので、住民には寝耳に水。役所と一部有力者による地域住民を無視したこの計画案が住民に知れるや、たちまち反対運動が広がりました。

この反対運動の中心を担ったのは、上鷺宮在住の経済学者で、法政大学教授当時の伊東光晴さんたちでした。反対同盟を結成し、２千人を超える計画撤回の署名を集め、区議会に請願するなど活発に活動し、ついに、新しく誕生した大内区長に、計画の白紙撤回を言明させる大きな成果を闘い取りました。

１９７２年（昭和47）、反対同盟はここで運動を止めることなく新たに「上鷺宮生活環境整備計画協議会」を住民主導で発足させました。反対運動から始まって、そこから地域住民自らが街づくりを構想し、区にその実現を要求するという、かつて例を見ない住民運動体に発展させていったのです。

この環境整備計画協議会が、後に述べる住区協議会と地域センター構想の礎石ともなっていく歴史的な住民組織だったのです。

参考までにこの会の目的と活動を、会則から紹介しておきます。

「上鷺宮生活環境整備計画協議会」会則

第１条

（目的）

中野区上鷺宮地域を、豊かで住みよい生活環境のコミュニティとして整備するため、上鷺宮生活環境計画案を策定する。

第２条

（活動）

協議会は次に掲げる事項を協議し計画案を策定し、区にその実現を働きかけるものとする。

（１）　住民施設の充実

（2）緑とオープンスペースの確保
（3）生活道路の整備
（4）その他、生活環境の整備

中野区民生活史編集委員会編『中野区民生活史　第三巻』中野区、１９８５年より

この会則にそって、住民自らが計画案を作り、その後、誕生する大内革新区長に提案。それを受けた大内区長は、ほぼ提案通りの整備を住民とともに実現させました。自治能力の高さ、そして、その住民の思いを全面的に受け止めた革新区政の懐の深さに驚かされます。

8　小児麻痺予防ポリオワクチン輸入、「ポストの数ほど保育所を」の運動

当時の中野区の住民運動を全て紹介するには、とてもこの紙面では足りません。

ここでは最後に2つの運動を紹介しておきます。いずれも区政の民主化に強い影響を与えた運動です。70年代からは少し遡りますが、60年代の初めに展開された住民運動の1つは、小児マヒ予防のためのポリオワクチン輸入運動です。発症すれば脳性小児マヒとして重度の障害を持つことにもなる病です。全国的にその流行が深刻さを増している中、中野区内でも１９５９年（昭和34）から１９６０年（昭和35）にかけて16人もの患者が発生しています。当時は、ソ連を中心とする東欧諸国でしか生産されてい

なかった生ワクチンの輸入は、全国民の切実な願いでした。全国的な大きな運動が厚生省の重い腰を上げさせ、生ワクチンの輸入を闘い取りました。

中野では、１９６０年（昭和35）に中野母親連絡会の呼びかけで「子どもを小児マヒから守る中野協議会」が教職員組合、小中学校ＰＴＡ、生協、生活互助会（現在の生活と健康を守る会）など20数団体で結成されました。「会」は、大掛かりな署名運動に取り組み、「小児麻痺生ワクチンの購入を」の請願を区議会に提出（同年5月）し、満場一致で採択させています。これを受けて中野区は、低所得者のためのワクチン接種助成金を予算化し、子どもたちのかけがえのない生命を守ったのです。

この後、中野母親連絡会は、当時不足していた乳幼児保育園増設運動に本格的に取り組み、ここでも大きな成果を挙げます。この運動のスローガンは〝ポストの数ほど保育所を〟でした。そしてこのスローガンの通り、区内のあちこちに保育園を増設させていったのです。

余談ですがこのスローガンは、その後、東京中に広がっていきました。

今日でも保育園入園待機児問題は深刻ですが、当時のこの保育園増設運動は、中野区中を巻き込んだ活発な女性運動として、区民の語り草になるほど、歴史に深く刻まれています。

第2章　画期的な区議会選挙の結果と反自民五派連合の結成

1　71年（昭和46）区議会議員選挙の結果

１９７１年（昭和46）の区議会議員選挙は、それに先立つ東京都知事選挙で、京都の蜷川民主府政に続き美濃部革新都知事が圧勝し、大阪府、神奈川県、政令指定市の横浜、川崎、名古屋などに革新首長が続々と誕生するという、時代の大きな変化の中での選挙でした。

中野区議会の当時の議員定数は48です。

この選挙で自民党は48議席中、22議席しか獲得できず、過半数を割りました。これに対し非自民勢力は共産党7、社会党6、公明党5、民社党4、革新無所属4で、計26議席となったのです。

後に述べるように当時、区長は東京都知事の同意を得て区議会が選出するという間接戦挙でした。そのため、議会の多数を占めるということは、ことの外、重要な意味を持っていたのです。

私は、この選挙で初めて区議会議員選挙に立候補し、議席を獲得しました。新しい議会の最初の取り組みは、議会人事をどうするか、から始まります。すなわち、どの会派の、誰が議長になるか、副議長は誰になるか、が焦点となるのです。

そのために多数派を形成しようと、先輩議員たちが朝な夕なに議会の廊下を跳び回っていた姿が今でも鮮明に思い浮かびます。

２「反自民五派連合」の結成と議会運営の主導権握る

中野区議会では、議長は第1党から、副議長は第2党からというのが従前の例でした。この通りならば自民党議長、共産党副議長ということになります。ところが、自民党会派が共産党副議長案に難色を示し、これを認めないという強硬な態度を取ったために混乱が始まったのです。自民党が、この不合理な立場に固執したために事態は収拾されず、議会は空転しました。ここで革新諸派は、区長の選挙も睨みながら、反自民五派連合の結成へと一気に動き出したのです。そして、１９７１年（昭和46）５月29日に次のような声明を発表しました。

声明書

昭和四十六年四月に執行された区議会議員選挙の結果、自由民主党は半数を割り、われら革新諸派が中野区議会の多数を制することになりました。

我々は、この選挙に表明された住民の意思を厳粛にうけとり、ここに区長準公選制の実現等を中心とする当面の政策協定を結び、責任をもって中野区議会運営の主導権を取ることを決意しました。

これは過去三十九年にわたる中野区政史上、まさに歴史的な出来事であります。

我々は議会を通じての平和的民主的な自治体改革をめざして、いまこそ行動を開始いたします。

住民の皆さんのご支援をお願い申し上げる次第です。


区議会運営と区政民主化に関する当面の協定

一、区政の刷新民主化を図るとともに、区民福祉増進のために努力する。
一、区議会の運営をガラスばりにし、区民との対話を深め公正な議会審議を期す。
一、区長公選制の実現、国、都、区の行政事務の民主的配分、財政権の確立を図るとともに、当面、区長準公選制の実現を期す。
一、民主的区政を目指し、区長候補者は、公正有能な人を選び、統一候補として推せん出来るよう努力する。

右協定する。

１９７１年５月19日

中野区議会共産党議員団
中野区議会社会党議員団
中野区議会公明党議員団

中野区議会民社党議員団
中野区議会清風クラブ

この声明と政策協定が、民主的議会運営に加えて革新区政誕生の礎となっていくのです。

自民党は自説に固執し、内部分裂まで引き起こしたために、この事態に全く対処できなくなりました。反自民五派連合は、このまま無駄な時間を過ごすことは許せないとして、この協定に則って、議長に民社党の鈴木一磨氏、副議長に共産党の中沢ひろや氏という人事案を提示しました。これに対して自民党は、人事の協議をボイコットしたため、最初の区議会本会議で、提案通りの鈴木議長、中沢副議長が選出されました。各常任委員会、特別委員会の正副委員長も、反自民五派連合が占め、議会運営の主導権を握ったのです。東京23区では初めての出来事でした。

3　区長準公選条例の可決と「再議」

反自民五派の政策協定にもある通り、東京23区の自治権拡充の最大の課題は、区長公選の復活でした。しかし、政府・自治省は聞く耳を持たなかったため、それならば公選に準ずる〝区長準公選〟方式を実施しようと、各地で活発な動きが始まります。

その口火を切ったのが練馬区です。東京大学の篠原一法学部教授（当時）が運動の中心を担って、住民の条例制定直接請求運動が大きく盛り上がっていました。次いで北区、荒川区、品川区、大田区などにも運動が波及していきます。品川区では実際に区民投票も行われ、いわゆる準公選区長を誕生させています。

中野区では革新五派が主導して次のような区長準公選条例案を区議会に提出しました。区長準公選条例とはどういうものなのか、読者の方にも興味があることと思い、条例の一部を紹介します。

東京都中野区長候補者決定に関する条例（案）

（目的）

第一条　この条例は地方自治法第二百八十一条の三第一項の規定に基づき、区議会が区長を選任するに当たり、全区民の自由な意思が正確に反映されるよう、民主的な手続きを確保し、もって地方自治の健全な発達を期することを目的とする。

（区長候補者の決定）

第二条　前条の目的を達成するため、区議会が地方自治法施行令第二百九条の七第一項に規定する区長の候補者（以下「区長候補」という）を定めるに当たっては区が実施する区民の投票（以下「区民投票」という）の結果を尊重して、これを行うものとする。

（区民投票）

第三条　区民投票は特別区の議員の選挙権を有する年齢満二十五年以上の者で、区長候補者となろうとする旨を区議会に届けた者について行うものとする。

（以下略）

中野区議会史編さん委員会編『中野区議会史　本史』中野区議会、１９８７年より

さて、この条例案は、議会の議長をはじめとする議会構成を決めた5月29日の本会議に上程され、すぐに区長選出対策特別委員会に付託されました。特別委員会は３日間の審議の上、賛成多数でこれを可決しました。さらに6月24日の臨時区議会本会議で自民党のみが反対、賛成多数でこの条例を可決しました。

ところが、当時の区長職務代理者である助役（前区長の任期が切れたため、区長が不在で助役が区長の職務を代理）が、これを違法な議決だとして「再議」に付したのです。

再議というのは、当時の地方自治法では、第一七六条に規定された首長の、議会の議決に対するいわば拒否権です。再議に付されたものを再度議会が議決する場合は、第一項では3分の2の賛成、第四項では過半数の賛成が必要という定めになっています。助役は一項に基づいて再議に付したので、再可決には、出席議員の3分の2の賛成が必要となります。この条例を葬ろうとする極めて政治性の強い行為だったのです。

私が議員になって初めての本会議質問は、会派を代表して再議の不当性を追求する役割でした。今振り返れば、論旨は不十分でしたが、住民主権の観点から議会の意思、住民の意思を無視することはとん

1971年9月　区長準公選を阻む自民党を糾弾する反自民五派連合

でもない越権行為だと助役を攻め立てました。ほかの議員を含め厳しい追及に、助役は本会議が終わると寝込んでしまい、再び議会に出席することは叶わなかったのです。

再議によって、準公選の実施が阻まれる中、反自民五派連合は、区長の選出は従来の議会での選出へと舵を切らざるを得ませんでした。区民投票を期待する区民からは失望の声が上がったのも当然でした。そうした中でも五派連合は、区長候補者を誰にするか真剣な話し合いを始めていました。これがまとまらなければ、五派連合そのものが空中分解する際どい試練を迎えていました。しかし、見事にこれを乗り越えて候補者を一本化しました。小異を捨てて大同につく統治能力は、その後の革新区政運営に着実に生かされることになるのです。

区長選出にあたっても五派連合は声明と政策協定を締結し、より強固な団結へと発展させました。

第3章　23区初の革新区長の誕生

1　区議会が大内正二氏を区長に選任、感動的な就任挨拶

区長候補者の一本化は相当手間取りました。しかし、最終的には、当時中野区の教育委員で、元東京都企画調整局長の大内正二さんに白羽の矢が立ったのです。

この年の9月、第3回区議会定例会は大内氏を賛成多数で（自民反対）区長候補者に決定し、先にも述べたように東京都知事の同意を得て区議会で選任しました。

晴れて、東京23区初めての革新区長が、ここに誕生したのです。

大内新区長は区議会本会議で、次のような歴史に残る決意表明を行いました。

以下要旨を紹介します。

「第1に、私の使命は初めから終わりまでただ一つ、区民の生活を守り、これを充実することにつきる。乳児から老人まで、いや、生まれる以前の胎児まで含めて、すべての人々が健やかな生活が営むことができるように、できうる限り最大の努力をしたいと考えている。これこそが区がなすべきすべ

てであり、区政がしばしば区民に密着した行政と言われる所以もここにあるかと思う。

第2に、私は区民サイドの行政を心がけたい。これは政策においてはもちろん、執行の面においても区民の立場に立って行うことである。これは民主主義の原則により政治、行政が行われる限り当然のことである。

第3に、区民の自治権を拡大する。真に区民から期待される区政を実現するためには、区政の内容が真に充実したものでなければならないことは言うまでもない。区民生活に密着したあらゆる権能を区がもつべきである。この最も基本的な普遍的な要望は区長公選問題である」

中野区議会史編さん委員会編『中野区議会50年史　本史』中野区議会、１９８７年より

これほど平易で、単刀直入に地方自治の本質を述

1971年10月8日　本会議で就任あいさつをする大内正二区長／中野区提供

べた言葉を私は知りません。あの時の感動は、今も私の心の中に脈々と息づいています。

大内区長のこの決意表明は、職員にとっても、まさに晴天の霹靂だったのではないでしょうか。職員の多くは、それまで区民は自分たちの思い通りに治めることができるという、お上意識でいたと思われます。

この決意表明を聴いた当時のある幹部職員は、私の耳元で、「職員の使命は区民の命を守り、区民に奉仕することとなんだ、初めて目を覚まされました」と述べました。

2　特別区制度調査会の設置
―「区長準公選制度の合法性と区政運営の在り方」を答申―

大内区長が最初に手掛けたのは、特別区制度調査会の設置でした。

当時、特別区は法律で東京都の内部団体として、都の部か課くらいにしか位置づけられていませんでした。これでは区長の公選制など思いも寄らぬことです。

大内区長は、特別区の自治法上の位置づけを根本から見直すこと、東京都と区の関係、区の仕事はいかにあるべきか、そして区民参加の区政はどのようにあるべきかを、この調査会に諮問しました。

調査会の委員は、辻清明東京大学教授（行政法・調査会会長）、芦部信喜東京大学教授（憲法）、佐藤進武蔵大学教授（財政学）、高木鉦作國學院大學教授（行政学）、山本進毎日新聞論説副主幹（エコノミ

1972年2月　南中野出張所での区民と大内区長の対話集会／中野区提供

スト編集長）、和田英夫明治大学教授（行政法）、そして専門調査員に大森彌東京大学助教授（自治体行政学）（いずれも当時）という日本を代表する学者・知識人で構成されました。

2年にわたる調査結果は、「特別区制度に関する中間答申」と「特別区の制度とその運営について」とした最終答申からなっていました。

区長公選問題、並びに区長準公選問題を中心とした中間答申の概要では、「第一に特別区は都の内部団体ではなく、一般市並みの基礎的普通地方公共団体とみなさなければならないこと」「第二に、その当然の結果として区長は公選にすべきであること」「第三に、区長準公選制は、住民の意思を戴した区長の選出を願う条例制定直接請求等、自発的行動により、かつ、公正な区民投票を実施した能力、責任の自覚という（品川区での区長準公選の実施）『住民自治の本旨』の現れで、何ら法律に反するものではない。

むしろ現行地方自治法の不十分さを補うものであり、法律改正への決定的な力になっている」としたのです。

その上で、本答申では「特別区の制度とその運営について」として、これまで特別区を制限自治体とみなしてきた現行の諸制度を根本的に改革し、自主性の確立をはかるため①財政、②人事・組織、③事務、④立法にわたる改革提言と、区政運営の根本としての区民参加による区政運営実現のための様々の処方箋を示しました。

中野区企画部広報課編『区政に関する答申集　昭和48年度〜59年度』中野区、1985年より（資料1「特別区制度調査会答申」参照）

この答申は、後に、いち中野区にとどまるものでなく、東京23区全体の区政運営のあり方のバイブルともなり、当時の全ての区政関係者に大きな衝撃を与えました。もちろん、政府の地方制度調査会関係者も同様だったと思います。

3 「補助金等検討協議会」の設置と宴会政治の一掃

就任当初の大内区長は、補助金と宴会政治で区民を手なずけ、区政に対するイエスマンを囲い込む旧来からの区政の在り方を根本から改革する大仕事に取り掛かりました。

補助金等検討協議会を発足させ、この問題について、権威ある専門家の考え方を求めました。

協議会のメンバーは、遠藤湘吉東京大学教授（財政学）、大河内暁夫東京大学教授（経済学・経営史）、室俊二立教大学教授（社会学）（いずれも当時）等です。

諮問の際、区長は「協議会設置の目的の第一は、もちろん補助金等を全面的に洗い直してもらおうということであるが、それに止まらない。補助金は本来自主、自律的であるべき団体の自主性、自律性を損なっていないか。また、区が自らやらねばならない仕事を民間にやらせておいて、補助金でお茶を濁している場合もあるのではないか。そこで協議会では、補助金という窓を通して区政の在り方そのものを点検してみてもらいたい。そして、区民の、区民による、区民のための区政を真に実現していくためには、区政をどのように改革していくべきか、というところまで掘り下げて議論し、助言してもらえればありがたい」と述べています。

おそらくこのような視点で区政の見直しを図ったのは、全国でも例は少ないのではないでしょうか。

協議会答申を簡単に紹介します。

第1、補助金等の基本的なあり方として、「地方自治法は自治体が『その公益上必要がある場合においては、寄付又は補助することができる』（二百三十二条の二）」ことを明らかにしている。しかしながら、そうした寄付または補助金が最終的には税金によってまかなわれることを考えるならば、公益上必要があるかどうかの判断は、十分に客観的な妥当性があるものでなければならないとして、その妥当性の5つの基準を提案しました。（1）効果があること。（2）重要性の優先。（3）平衡を失わないこと。（4）公正であること。（5）範囲の限定。の5つです。

第2、補助金等の現状と問題点として、「中野区の支出する補助金は極めて広い範囲にわたっており、その目的、性格、態様等も複雑多岐である。１９７１年（昭和46）度当初予算における補助金等の総件数は、３８４件であり、その金額は、２億５０２７万円に達している。これをその目的、性格、態様等によって分類すると、A　法令上の義務に属するもの。B　国、地方公共団体の相互の関係に由来するもの。C　区の組織内において支出されているもの。D　調査、研究、事業推進等のための組織への加盟費、参加費として支出されているもの。E　社会福祉、生活向上、産業振興等のために直接支出されているもの。F　行政協力団体その他の公共的団体、同業者団体等の助成のために支出されているもの。G　賛助金的ないし寄附金的支出に属するもの」、として詳細に分類し検討を加えています。

これらの基準と分類は、各自治体における補助金を分析する上で、今日でも有効ではないでしょうか。（資料中野区企画部広報課編『区政に関する答申集　昭和48年度～59年度』中野区、１９８５年より

２「中野区補助金等検討協議会答申」参照）

この答申をもとに、区は5つの基準に照らし検討した結果、１９７３年（昭和48）、１９７４年（昭和49）の2年度にわたって、打ち切った補助金件数は１０１件、減額したものは2件、区の直接執行に切り替えたものは3件と、補助金カットの大ナタを振ったのです。

この中には革新・民主の団体もいくつか含まれていて、当初は戸惑いもあったようですが、ほどなく住民自治の観点から当然、と受け止めたのです。

しかし、この問題での最大の抵抗勢力は中野・野方両交通安全協会（警察署管轄）と町内会（保守層

支配の）でした。

後に紹介するように大内区長や、職員への猛烈な嫌がらせが殺到しました。しかし、これを毅然として撥ね退け、補助金整理を敢行した大内区長は見事でした。職員からの信頼はこれで不動のものになっていったのです。

4　区議会議員、区長等特別職報酬に初めてのスライド制を導入

区民からは、お手盛り引き上げだと、強烈な批判があった議員報酬の問題でも、新しい方式を編み出し混乱を収めたのは大内区長でした。当時は、どこの区でも議員等の報酬は型通りの報酬審議会を設け、首長から諮問を受け形ばかりの審議の上、報酬額を諮問通りに答申。首長はそれをそのまま議会に提案し、多数決で議決するという流れでした。ここには区民のチェックも、異議申し立ても届かず不満は鬱積し、その都度、議会もひどく混乱をしていたのです。

大内区長は、この問題を根本から解決していくため「特別職並びに区議会議員等報酬審議会」を設置しました。委員は、金子ハルオ東京都立大学教授（経済学）、岡田与好東京大学教授（経済学・経済史）、金末多志雄（弁護士・中野法曹会会長）（いずれも当時）、さらに区内の経済界、労働界の代表、区民公募の主婦2名で構成されました。

審議会は区長、助役等の特別職とはどのような職務か、ふさわしい報酬額はいくらか。また議員とは

何か、その職務の実態はどうなっているかなど調べ、議論し、その経過を全て区民に公開しました。

審議会から答申された報酬額の定め方は、まず区長の報酬額を定め、議員の報酬はその半額とし、議長、副議長、委員会の委員長、副委員長はその役職の軽重に相応させて額を定める。その後は毎年、公務員の給料が人事院勧告で決まるように、この勧告に準拠して引き上げ率をスライドさせていくとする方式でした。

この答申は、極めて合理的だとして議会も評価しました。その結果、議員・特別職の報酬は満場一致で可決されるようになるのです。

審議会は、この方法でも決して万全ではないとして、特にスライド額が区民感覚からかけ離れるような場合も想定されるから２～３年に１回、もしくは必要に応じて報酬審議会を開き、区民がチェックできるようにする仕組みも併せて示したのです。区民が納得したのも当然だったと思います。

第4章　区長公選復活・大内区長初の公選区長に

1　75年（昭和50）公選制の復活と第1回中野区長選挙の様相

１９５２年（昭和27）の地方自治法の改正で、東京23区の区長の公選はなくなりました。これを復活させるまでの道のりは、容易ではありませんでした。とりわけそれは、１９６３年（昭和38）３月、時の最高裁判所大法廷が「特別区は、普通地方公共団体でなく、地方自治法第１条の２に言う特別地方公共団体で、従って、区長の公選を廃止した昭和27年の自治法改正は違憲ではない」と判示したことで一層困難を極めていたのです。

こうした中、東京23区の全議会は、自治権拡充の最大の柱に区長公選を掲げて様々な運動を続けてきました。しかし、政府も自治省も頑として動きません。

先にも触れたように、それならば自治立法権を行使して条例を制定し、区長の「準公選」をやろうと、条例制定の直接請求運動を起こしました。また、中野区のように区議会が議員提案で条例を制定するなど、運動を益々活発化させていきます。

この運動の盛り上がりを前に、見て見ぬふりができなくなった自治省は、ようやく重い腰を上げ、第十五次地方制度調査会へ「区長選任制度について」（1971年・昭和46）を諮問するようになるのです。

地方制度調査会は、1972年（昭和47）10月に「区長公選」の採用を答申しました。それを受けて地方自治法改正案が国会を通過したのは1974年（昭和49）6月でした。翌1975年（昭和50）4月の全国一斉地方選挙と同時に区長選挙を行うとしたのです。ようやく悲願が叶ったのです。

これを受けて中野区でも、初めての区長選挙を前にして、それぞれの政党・会派が活発に動き出しました。

最大の注目は大内区長の去就です。出馬するのか、しないのか、一向に態度を明らかにしない中、反自民五派連合の清風クラブ所属の工藤泰治議員が立候補を名乗り出たり（途中で取り下げ）、また、同じ反自民五派連合の区議会議長だった近藤正二氏がどこかの党に担がれて出馬声明を、また自民党の区議が

1973年2月　「区長公選促進中野区民大会」／中野区提供

立候補を表明するなど混沌とした状況が続きました。

区民の間では、江原小学校ＰＴＡ有志を中心に「大内さんに出馬を要請する会」が発足し、様々な形での擁立活動が繰り広げられました。

一方、社会党、共産党などの政党レベルでは、公明党、最終的には清風クラブも加わる政策協定作りが進められました。また「大内さんに出馬要請をする会」を軸にして「ガンバレ大内さん区民の会」が結成されました。その結果、この会と政党が共闘する理想的な選挙態勢ができました。そうした情勢を見計らって、４月の選挙を目前にした１９７５年（昭和50）３月、区議会第１回定例会の所信表明で大内区長は事実上の立候補宣言をしたのです。

この所信表明が、区長選の公約になり、その後の区政運営のテーゼともなっていくのです。以下、その一部を紹介します。

区政をつらぬく3つの基本姿勢として「第一は、区民の生活を守る区民サイドの区政をつらぬくこと、第二は、すべての区民に開かれた清潔で、公平な区政をつらぬくこと、第三は、憲法と自治と平和を大切にする区政をつらぬくことであります」と述べ、その上で区政を進める5つの政策を次のように述べました。

「第一は、子どもが先生や母親、地域の人々の愛情に包まれて、のびのびと学び成長していける環境をつくる政策を進めることであります。第二は、お年寄りや体の不自由な人などが、地域社会の一員として積極的に生きる権利を保障する政策を進めることであります。第三は、大企業中心の政策に反対し、中小企業の経営、勤労者の権利、消費者のくらしを守る政策を進めることであります。第四は、『みどり』と『ひろば』をふやし、中野を安全で快適な住宅都市にする政策を進めることであります。第五は、すべての区民が自由に市民活動を楽しみ、連帯の輪を広げていける政策を進めることであります」

そして、最後に大内区長は、「三つの基本姿勢と五つの政策で申し上げてきたことはつまるところただ一つの言葉に集約できる。その言葉こそ、『ともにつくる人間のまち中野』であります」と結びました。

中野区議会史編さん委員会編『中野区議会史　本史』中野区議会、1987年より

この演説を行った中野区議会本会議場は、粛として静まり返り、終わると傍聴席を埋め尽くした区民のその静けさも破る大きな拍手で包まれたことは言うまでもありません。

選挙の結果は、以下の通りで3万7千という大差での大内区長の圧勝でした。

大内正二氏（革新無所属）　7万1401票
近藤正二氏（無所属区議）　3万4494票
田中　宏氏（自民区議）　2万5933票

2　区民参加の区政推進＝「住区協議会と地域センター構想」

2期目の大内区長が進めたもっとも特筆すべき区政改革は、「住区協議会と地域センター構想」です。その基になったのは先にも紹介した特別区制度調査会答申にあります。日本全国でもあまり例を見ない試みだったので、主だったところを紹介します。

「新しい参加の方式と区の対応」

中野区は「参加による区政」を区政運営の基本とし、対話集会を含む広聴活動や審議会の活用などを通じて、区民の意向を区政に反映させる努力を行っている。しかし、「参加による区政」を実現していくためには、区政担当者が、区民の個別的ないし集団的な苦情や要望を聴くだけでは十分でない。区民が一定地域の共通問題の解決策を自らの手で、あるいは区政担当者と共同して作成し、それを区の施策の一環として実現することが出来なければならない。「参加による区政」の実現は、区政担当者と同じく、区民も問題を解決したり、あるいはそのための方向を提示できる能力を持っていることを前提にしている。区民は区全体を対象にした問題よりも、住区単位の問題を対象にした場合のほうが、そのような能力を発揮しやすい。この意味で居住地域を単位とした共同決定の方式を、新しい参加の形態として検討する必要がある。

①「住区協議会」の構想

ア「住区協議会」は、例えば施設の建設、環境の改善などの居住地域にかかわる問題を検討し住区で一定の合意を形成して、区政担当者へ具体的な提案を行うこと。また、居住地域にかかわる広聴・広報活動、社会教育活動、集会施設の利用などの実施計画を作成することなどを主要な仕事とする。

イ「住区協議会」は、設定された居住地域の多様な意見と利害を広く代表できるような委員によって構成され、民主的に運営されることが必要である。

ａ「住区協議会」はそれぞれの住区ごとの特殊事情に応じたものとし、その画一化は避けること。

ｂ「住区協議会」は、一挙に全区的規模で実施しないで、実験的に試みて、その評価、反省のうえにたって漸次拡大していく方法も考えること。

ｃ「住区協議会」については、区民・区議会・行政担当者が、それぞれ十分に検討し、できる限り、相互の間で合意を形成していくことが望ましいこと。

ｄ「住区協議会」は、区民の主体的な活動を基礎としたものであるので、区政担当者は、それを行政の末端機関や単なる協力機関にしてはならないこと。

②「地域センター」

従来の出張所を「地域センター」に改組していくことを検討すべきである、として「地域センター」は、おおよそ次のような機構とすることが望ましい。

１）とりあえず現在の出張所11か所を「地域センター」に改組する。将来、さらに小規模な地域を単位として設置することを検討する。
２）「地域センター」は区長に直結した組織（地域の区長室）にし適材を「センター長」として配置する。なお「センター」として機能を十分に発揮できるように、例えば社会教育活動の専門職員などを配置する。
３）「地域センター」は、下記のしごとを行う。
ア　区政に対する要望・苦情の受付、住民との対話集会の開催、各種情報・資料の提供
イ　地域にかかわる区の施策への参画
ウ　区民の自主的活動に対する援助
エ　集会施設の管理と運営
オ　一般窓口事務（現在の出張所事務の拡充を検討する）
中野区著『住区協議会と地域センター構想』中野区、１９８７年より

こうして最初に地域センターがオープンし、「住区協議会」が発足したのが、第1章でその活動を紹介した上鷺宮地域でした。そして約5年がかりで15の地域（ほぼ中学校区単位）に地域センターと住区協議会が発足しました。

3　中野刑務所廃止を闘い取る

戦前、中野駅北口の真ん前に陸軍中野学校があり、戦後は、この広大な敷地に警察大学校と警視庁警察学校が盤踞していました。

中野の街のあり様から見て、区も議会関係者もこれらの施設があることは大きな障害だと考えていました。

さらに、中野刑務所はそこからわずか600メートル北側にあり、全体で約12万平方メートル（約4万坪）という巨大な敷地を擁していました。戦後は米軍占領下で、軍の犯罪者収容施設「スタッケード」となっていました。ここが、サンフランシスコ講和条約締結とともに日本に返還され中野刑務所となります。この機とばかりに議会が解放運動を始めます。刑務所も、警察大学校同様、移転ないしは解放せよと区議会は何回も決議、意見書等を国に上げてきましたがいっこうに動きません。

移転問題が本格的に動き出すのは、反自民五派連合が区議会の正副議長になり、さらに各委員会の委員長になるなどした1971年（昭和46）以降からです。

大内区長の誕生に加えて、反自民五派連合が政治的行動を主導しました。

区議会主導のもと、中野刑務所移転促進期成同盟が本格的に動き出し、数度にわたる区民集会が開かれ、多いときには3千人もの区民が結集した大会が開かれました。これらの大会には、衆議院東京4区

1972 年 4 月　中野刑務所全面移転促進区民大会への参加呼びかけ／中野区提供

（中野、杉並、渋谷。当時は中選挙区制）選出の５人の国会議員、すなわち自民党の粕谷茂、共産党の松本善明、社会党の金子みつ、民社党の和田耕作、公明党の大久保直彦の各代議士、それに４人の都議会議員、すなわち自民党の高橋一郎、共産党の後藤マン、公明党の橋本辰次郎、社会党の高山真三の各氏も参加し、空前絶後ともいうべき超党派の大運動が繰り広げられたのです。

当時の中野区議会議長は共産党の中沢ひろやさんです。区議会の刑務所移転問題特別委員会の委員長は私でした。

中野刑務所移転運動での最大の困難は、この刑務所がなぜ中野に置かれなければならないのか、その根拠を突き崩すことでした。

国会議員の質問に対し当時の法務省矯正局長は、中野刑務所の機能について、（1）中野刑務所は受刑者の矯正施設であるとともに、東京拘置所の機能を補完する施設であること、（２）分類センター（刑が決まった受刑者を医学的、精神医学的に分類して全国各地の刑務所の特徴に合わせ、適切に収容する）という重要な機能があること、（３）矯正職員の幹部養成機能を有すること、などが述べられていました。

しかし、これらの要件は中野でなければならない、とする決定的な理由にはなりません。ほかの刑務所施設でも十分代替できる。例えば府中刑務所とか、山梨県の甲府刑務所、あるいは栃木県の黒羽刑務所等と具体例を示して反論しました。追い込まれた矯正局長が最後に逃げを打ったのは、代替地があれば移ってもよいとして、中野区に代替地探しをするよう匂わせました。

そのため、いちじ区議会は東京湾埋め立て地とか、山梨県とか栃木県とか移転先を真剣に探し回るなどもしていました。しかし、他所の自治体に、中野区が代替地を求めるなど所詮できない相談です。それを真に受けるなどの試行錯誤もありましたが、国会議員の質問と法務省の答弁を詳細に分析して、代替地探しでなく、中野刑務所は廃止以外にないとの論点に切り替えました。このことが功を奏したのです。

稲葉修法務大臣（当時）との最終折衝は５人の国会議員、山崎喜作解放同盟会長、大内正二区長、中沢ひろや区議会議長、私（特別委員会委員長）などという顔ぶれで行われたのです。

その席で法務大臣は「中野刑務所は廃止する。跡地は公共団体もしくはそれに準ずる団体に払い下げる」と言明したのです。事前の情報が全くなかっただけに文字通り驚きました。その席にいた私は、震える手でこの発言をメモし、報道機関に知らせました。以降このメモは公式文書として扱われます。

余談ですが、稲葉大臣は「善明君、もう国会で質問するなよな」と冗談交じりに松本代議士と言葉を交わしていたのを私は覚えています。

20年来の区民の悲願がここに実ったのです。大臣をして廃止を言明させた最大のポイントは、何よりも「刑務所を移して、緑の広場と避難場所」の全区民を巻き込む運動の錦の御旗だったのです。このスローガンの立て看板は中野区中、あらゆるところに立てられていたものです。そして第2のポイントは区民、区議会、区、そして国、都の各級議員との連携、共同でした。

4　「中野刑務所跡地利用を考える区民協議会」と区民合意の形成

次の難問は、廃止を言明させたこの跡地利用を巡って、様々な要求が区民運動として巻き起り、ぶつ

1975年9月6日　中野刑務所廃止を稲葉法務大臣が表明
左から２人目後ろ向きが法務大臣。右へ松本善明、金子みつ、和田耕作、大久保直彦の各代議士、大内正二区長、中沢ひろや議長の顔も。一番奥が筆者

かりあったことです。

当然と言えば当然です。その中でも、もっとも大きな運動は都立高校の増設要求でした。６万人もの署名が集められ、区議会に請願されたのです。また中野区体育協会は、ここに総合運動場を、と。ほかにも保育園や、都営住宅などなど要求は多岐にわたりました。

議会だけの力ではとても、まとめられるものではありません。区も、区民も、区議会も試されることになったのです。

そこで設置されたのが「中野刑務所跡地利用を考える区民協議会」です。

学識経験者は入沢恒横浜国立大学教授（工学博士）、川本信正（スポーツ評論家・ＪＯＣ委員）、村上處直早稲田大学教授（防災都市計画研究所長）、青木三郎（都首都整備局主幹）等の各氏で、会長には、栗原輝解放同盟副会長（当時中野区商店街連合会会長）が就任し、副会長には区議会を代表して特別委員会の委員長だった私も加わりました。ほかに区議会から10人、区対策本部から６人、解放同盟から12人、計28名の委員で発足しました。もちろん都立高校増設関係者、体育協会関係者、様々な要求を持っている団体の関係者もこの中に含まれていました。

協議会は、各地の公園見学、専門家の意見聴取、首都直下型地震を想定した被災予測の学習会等、実のある研修を重ね１年猶予にわたる議論の末「公園内にこま切れに高校や体育館などの施設をつくってしまうと、どうしようもなくなる。中野刑務所跡地については当初のスローガン通り、そのまま広場として災害時の避難場所にすべき」という共通認識に達したのです。「原則として建物を建てず、緑の広場

1977年5月24日　中野刑務所廃止、緑の防災公園をつくる区民大会集会

と避難場所」とする利用計画案を大内区長に答申しました。

都立高校増設の関係者が、その思いを断念したことに私は涙しました。本当に感慨深い、貴重な経験でした。

区民会議の合意のもとに、具体的には、跡地の一部の地下に東京都の下水処理場、その上を覆蓋して中野区が取得した土地と併せ、一体とした緑の広場と防災拠点として整備されました。その名前も「平和の森公園」として実現したのは１９８５年（昭和60）10月でした。

後にも触れますが、並々ならぬ運動と苦労の末にできたこの公園を、田中前区長のもとで、東京オリンピックに名を借り、区民の誰もが親しんできた草地広場に３００メートルトラックを造り、樹木を大量伐採し、子どもの野球場を大人向けに拡張するという再整備計画が２０１７年（平成29）に発表された時、私は本当に腸が煮えくり返る思いがしました。歴史を冒涜するような再整備計画は絶対に許されるものではありません。

5　全国初めてのゼロ歳児保育の実施と数々の福祉施策

大内区長は、就任あいさつで述べた区政の最大の使命は「区民の暮らしを守ること」の信念に基づき、次々と福祉政策を予算化し、実行しました。

中でも、ゼロ歳児保育の開始は全国の度肝を抜きました。働く母親にとって、ゼロ歳児からの保育は夢のような出来事です。しかも、保育の専門家でさえ、乳児は親のもとで育てたほうが良いのではと言われた時代です。しかし、大内区長は「これから生まれてくる胎児の命までをも守る」という信念のもと議会を、そして中野区助産婦会を説得し、その全面的な協力のもと、ゼロ歳児保育を行う23区初の区立野方ベビー保育園を1975年（昭和50）に開園させました。

その他の保育園の増設も目を見張るものがありました。1971年（昭和46）当時は23園だったのが、1978年（昭和53）には36園。定員も1900人から一挙に3100人に増えています。

高齢者福祉でも23区の先陣を切りました。寝たきり高齢者巡回入浴サービス、寝たきり高齢者・障害者布団乾燥サービス・貸しおむつサービス、ひとり暮らし高齢者介護人派遣制度も発足させました。これらの施策、特に巡回入浴サービスなどは職員の理解抜きに実施はできませんでした。当の職員は「事故にでもつながったら」と躊躇します。しかし、実際に高齢者を訪問し、入浴サービスを行うと、寝たきりの高齢者がどんなに喜んだか、その姿を直に見て職員は大きく変っていったのです。区民の命と暮らしを守ることが区政の最大使命であるとした区長の姿勢が、目の前で職員自身のものになっていくのでした。

ひとり暮らし高齢者専用アパートの創設も区民から歓迎されました。都会で暮らす一人暮らし高齢者は、アパートを探すのに苦労に苦労を重ねていました。保証人がいなければとか、火元が危ないから、とかで家主さんの理解が得られなかったのです。区民サイドの区政を約束する区長の姿勢を受け止めた職員たちが議論を重ね、それならば、区自らが保証人になったらどうかなどの提案を基に、この事業は実現しました。区が大家さんからアパートを丸々借り上げ、住宅に困る高齢者の保証人も引き受けてアパートを提供するという画期的な事業です。そして、区内全域で8カ所の高齢者アパートが開設されています。

この問題を契機に中野区は、それまで住宅政策は東京都の仕事としていた旧習を打ち破り、住宅政策を区の事業として位置づけ、区民住宅の建設などにも取り組んだのです。

職員の提案と、区長の決断がなければできることではありませんでした。

障害者福祉でも重要な施策を打ち出しました。まず行なったのは、簡単なようですが、区役所1階の一番便利なところに、障害者相談窓口を開設しました。当時はそこに旅行会社が陣取っていました。なぜこんな便利な場所に旅行会社が（?）、大内区長は随分訝ったと思います。旅行会社との契約を解除して、このスペースに障害福祉課を移動しました。車椅子の方、障害者家族など誰もが気軽に区役所を訪れ、相談や手続きができるようになったのです。

在宅重度障害者（児）福祉手当、障害者医療費の助成、高齢者と同じく障害者アパート事業も開始しました。

区民の医療、健康支援では早期発見、早期治療を目指し１９７２年（昭和47）に高齢者健康診査（60～64歳）、１９７４年（昭和49）には成人病検診（35～59歳）も始まりました。

日曜日や休日に診療を行う医療機関がないため、急病でも区民が医者にかかれないという不安を解消するため、休日診療制度を開始したことも特筆すべきでしょう。これらの施策は、中小商工業者の集まりである中野民主商工会（民商）や、中野勤労者医療協会（民医連・当時）、建設労働者で組織された東京土建労組などが中心となって、多くの区民の強い要望とバックアップのもと、渋っていた中野区医師会を説得して実現にこぎ着けたのです。

大内区長自身、右腕麻痺の障害を持った方でしたので、「生まれてくる胎児の命を守る」と表明された言葉は、大内さんにしか述べることのできない真に胸を打つ一言でした。様々な福祉施策は、この信念に裏打ちされたものだったのです。

忘れられない２つのこと

元中野区福祉課職員
江田　徹

「寝たきり高齢者巡回入浴サービス」

大内区政が誕生して３年目の１９７４年（昭和49）８月、23区で初めての「巡回入浴サービス」が実施されました。

前年から高齢者ヘルパー派遣事業がスタートしており、その中から３人の職員が巡回入浴サービスに従事することになりました。ところが、その内の１人が「この仕事につくのはイヤだ」と、労働組合の役員をしていた私に言ってきました。「寝たきり状態の人を風呂に入れて、心臓発作でも起こされたら大変」だというのです。区役所に入職して４年目の私は、先輩職員の心配を聞きながら、「とりあえず仕事をやってみてください。問題があったら改善しますから……」としか応えられませんでした。

研修期間が終わって、初めての入浴サービスが行われた日。仕事から帰ってきたその人は、「長年風呂に入っていないおじいちゃんを浴槽に入れ、体を洗ってあげたら１センチぐらいアカが浮いた。体を拭いて布団に戻してあげたら、『こんなに気持ちのいい幸せを味わったから、いつ死んでも思い残すことはない』と言って、私たちに手を合わせた。こんなに喜ばれるなんて思いもしなかった。これからもこの仕事続けます……」と話してくれました。その人のうるんだ目を見ながら胸がつまってしまい、頭を下げることしかできませんでした。

「ひとり暮らし高齢者アパート」

福祉課の窓口に、疲れきった表情のお年寄りが訪ねて来てこう言いました、「今日も一日不動産屋を歩いたが、60歳を過ぎているとどこも相手にしてくれない。今のアパートはまもなく出なければならない。この歳になって住むところがなくなるなんて……」。

これは何とかしなければと、係長を責任者に若い職員がチームをつくり検討会をはじめました。アパートの経営者に高齢者を断る理由を聞くと、火事を出されることや寝たきりになった場合のことが心配とのこと。これをクリアーするにはどうしたらいいのか。いろいろ検討しているうちに、中野区がアパートを借りあげ、区の責任でひとり暮らし高齢者に賃貸するというアイデアが生まれました。中野区はこの提案を直ちに取り上げて制度化し、１９７５年（昭和50）５月に「ひとり暮らし高齢者アパート」を全国で初めて実現しました。この制度はやがて障がい者アパートに拡充されます。

大内区長が示した「自治体が果たすべき役割は、住民の暮らしを守ることにつきる」という明快な指針は、職員の意識を大きく変えました。住民に喜ばれることで働きがいを体感し、そのことが原動力となって住民と職員がともに成長し、「福祉の中野」「教育の中野」をつくり出したと実感しています。

第５章　教育委員準公選条例制定直接請求の成立と大内区長

１　教育委員準公選運動の始まり

東京都教職員組合中野支部の活動

この間の、中野の住民運動で特筆すべきことは、教育委員候補者選びの区民投票条例制定を目指す直接請求運動です。

都道府県、区市町村の教育委員は、かつては住民の直接選挙で選ばれていました。１９４８年（昭和23）７月に制定された教育委員会法では，委員は直接選挙で選ぶことが明記され、実際に２回にわたって教育委員の選挙が実施されていたのです。

今日では、このことを知る住民を探すことはほぼ困難でしょう。

ところが、時の自民党政府は、この公選制のもと、教育がそれぞれの地方に見合った自主的で、民主的に発展をしていくことを恐れる余り、戦前の国家統制の教育行政復活を目的に、教育委員会法を廃止し、新しく「地方教育行政の組織及び運営に関する法律」を、猛烈な反対を押し切って成立させました。１９５７（昭和32）年４月のことです。

この法律で、「教育委員は都道府県知事、市区町村の首長の提案を受け、各級議会の同意を得て任命する」という制度にしてしまったのです。この任命制の教育委員は、いつの間にか方々で、その土地の名士という箔付けの道具にさえ利用されています。

しかも、その事実上のトップである教育長は、「教育委員のうちから都道府県教育委員会の承認をえて」選ばれる（当時、現在は２０１５年・平成27の法改正で首長が議会の同意を得て直接任命する）となっていますが、実質的には首長が支配する行政の幹部人事になっています。そのため、教育長は上級機関と首長の意向を受け、少なくない教育委員会は、教育長の方針の追認機関化する傾向を強めていったのです。

その結果、教育委員会が子どもと地域住民の目線で教育を論じるのではなく、文部省、都道府県教育委員会からの教育方針をいかに学校現場に徹底するかに主眼が置かれるようになります。いじめ、不登校、校内暴力の発生、教師の過重労働、日の丸掲揚・君が代斉唱の強制、実情を無視した学校の統廃合等の背後にあるものは、改変されたこの制度にも符合するような気がしてなりません。

教育問題は、今日的課題としても深刻さを増していますが、当時も多くの教育委員会は、これらの問題に独自に対処することができずにいて、中野区もその例外ではありませんでした。

子どもたちのことなど教育現場に目を向けない教育委員会を何とかしなければと、中野区の教職員組合は、この問題を内外に発信し、区議会など各方面に積極的に働きかけてきました。

最初の中野区議会への陳情は、都教組中野支部長、宇高申氏が代表人となって１９７１年（昭和46）

に次のような趣旨で行われました。

（1）教育委員公選復活のために、政府をはじめ関係当局に働きかけて頂きたい。

（2）次期中野区教育委員の選出にあたっては、区民の声がさらに反映するよう区当局にお取り計らい下さい。

中野区議会はこの陳情を採択し、1971年（昭和46）11月12日付で「教育委員の公選制復活について」の意見書を満場一致で可決します。

都教組中野支部は、翌1972年（昭和47）6月には「教育委員選任に関する陳情」を区議会に提出します。その要旨は「中野区教育委員の選任にあたっては、準公選制をめざし、当面、改選に際しては、区民の声が十分反映されるよう、区当局にお取り計らい下さい」とするものです。ここで初めて、教育委員の準公選が求められたのです。そして五派連合を中心に賛成多数で、これを採択しました。

当時、教育委員の選任問題が、区政の上でも大きな政治課題になっていた中での貴重な問題提起となったのです。

「中野の教育をよくする会」の発足と条例（案）作り

こうした都教組中野支部の運動を足掛かりに、1977年（昭和52）9月に「中野の教育をよくする会」準備世話人会が作られ中学校区の懇談会、学習会を重ねた後、12月に150名の区民の参加で結成総会を開きます。会長には黒田秀俊さん（元中央公論編集長）が就任します。中野の教育をよくする会は、学者・知識人に加え、団体として中野区労働組合協議会（区労協）、都教組、東京土建中野支部、新婦人、婦人会議、親子映画の会、民商、社会・共産両党などの団体で構成されました。

これに呼応して区内在住の学者・知識人である花沢徳衛（俳優）、洞富雄（元早稲田大学教授）、横山正彦（東京大学教授）、大滝秀司（俳優）、山本忠義（元東京弁護士会会長）、山本正明（法政大学教授）、松原昭（早稲田大学教授）、古在由重（哲学者）、向坂逸郎（著述業）、緑川亨（岩波書店専務）、関根敏郎（早稲田大学教授）、そして黒田秀俊の12氏による「教育委員準公選に関するアピール」が出され、大きな反響を呼びました。

ここでも、第1章で紹介した中野懇談会が生きているのです。

会は、その目的に（1）中野の教育をよくするために、憲法・教育基本法に基づく教育を実現させる。（2）そのために教育委員の公選復活をめざし、当面教育委員の準公選を進める、としています。

「中野の教育をよくする会」は早速学習会、講演会、各地域での懇談会など40数回に及ぶ会合を積み上げ、準公選条例案の作成と直接請求に向けた運動の土台作りに取り掛かったのです。

この条例案の作成では、米軍占領下でも日本で唯一実施されていた沖縄県の教育委員公選条例、実現しませんでしたが武蔵野市の条例案なども参考にしながら、中野区独自のものとして練り上げました。会の準備段階から、明治大学の三上昭彦助教授（当時・教育法）が、準公選運動の理論的支援者として参加してくださったことも大きな力になったのです。

ここではその条例案の柱部分だけを記します。

「中野区教育委員候補者決定に関する区民投票条例」（案）

（目的）

第一条　この条例は憲法、教育基本法の精神に基づき、区長が教育委員の選考にあたり区民の自由な意思が教育行政に反映されるよう民主的な手続きを確保し、もって教育行政の健全な発達を期することを目的とする。

（教育委員候補者の決定）

第二条　前条の目的を達成するため、地方教育行政の組織及び運営に関する法律に規定する教育委員の候補者を定めるにあたっては、区が実施する区民の投票の結果を尊重して区議会に同意を求めるものとする。

（区民投票）

第三条　区民投票は、当該地方公共団体の長の被選挙権を有するもので、人格が高潔で、教育、学術及び文化に関し、識見を有するもので、教育委員候補者になろうとする旨を区選挙管理委員会に届けた者について、２人と３人に分けて行うものとする。

伊ケ崎暁生、兼子仁、神田修、三上昭彦編著『教育委員の準公選　教育を父母・住民の手に』労働旬報社、１９８０年より

真夏の盛りの直接請求署名運動、署名数は２万３千人余に

「よくする会」は条例案を作成した上で、中野区選挙管理委員会と協議。署名運動の注意点、受任者（署名を集める人）の活動の注意点等を綿密に打ち合わせました。黒田会長は１９７８年（昭和53）６月16日、条例制定請求代表者証明書の交付申請を区長に提出。１週間後の25日には「教育委員の準公選をめざす区民決起集会」が盛大に開かれました。

そして、７月１日から１カ月間の署名運動に入ったのです。

「よくする会」は、中学校区単位に署名推進の班を作り、８７９人の受任者を組織できたのです。受任者は、毎日うだるような暑さの中を駆けずり回り、ついに２万３１５７名の署名集めに成功したのです。普通の署名と違って、署名者の正確な住所・生年月日・押印が必要です。自筆以外は無効、有権者台帳に未記載者は無効など、厳しい審査をした中野区選挙管理委員会は、有効署名数１万９２２３人と発表しました。

当時、中野の有権者は26万１８３５人。直接請求の成立要件は、その50分の１の５２３８人ですから、優に４倍以上の有効署名が集まりました。中野区の有史以来の最大の出来事だったのです。

教育問題にこれだけの多くの区民の関心が集まったのは、子どもたちを巡って自殺や非行など文部省の管理教育などがもたらしている事態がいかに深刻であったか、その反映だったのではと私は思いました。

２　「教育委員候補者決定に関する区民投票条例審査特別委員会」の設置と条例可決

黒田代表はこの条例案に署名簿を添えて大内区長に提出しました。
大内区長は１９７８年（昭和53）９月18、19日の２日間の臨時議会を招集し、次のような意見を付し、条例案を議会に提出しました。

区長意見書
（要旨）
1、直接請求の区民の意思は貴重な意義がある。
2、しかし本条例は現在の法律と対立、抵触するなどの問題がある。
3、教育委員の選任方法の問題は、教育委員会の権能と併せて立法措置によって解決される必要がある。

中野区議会は即座に標記の特別委員会を設置し、取りあえず本条例を継続審査とし慎重な審議をすることとしました。後にみるように、この特別委員会は東京都内はもちろん、日本全国に例を見ない憲法、教育、自治立法論などについて見識を深めていったのです。

開催された特別委員会は3カ月間で、延べ17回にものぼりました。ここに、議会が招請した参考人、公述人など学者、知識人、法律家などの名前を記しておきます。

参考人　黒田秀俊氏（元中央公論編集長・条例制定請求代表）、秋山昭八氏（弁護士・準公選違法論）、伊ケ崎暁生氏（国民教育研究所・合法論）。

公述人　伊藤和衛氏（山梨県立女子短期大学教授・違法論）、遠藤文夫氏（元自治省行政課長・違法論）、角井宏氏（元文化庁文化財保護部長・違法論）、鈴木英一氏（名古屋大学教授・合法論）、兼子仁氏（東京都立大学教授・合法論）、三井為友氏（創価大学教授・合法論）、岩崎君江氏（よくする会副会長・合法論）等です。

こうした調査、研究を経て、特別委員会は条例の一部を修正の上採決したところ、賛成10、反対10の可否同数となり、委員長（社会党上島昌一氏、当

1978年12月15日　区議会が教育委員準公選条例を賛成多数で可決／中野区提供

時）が採決権を行使し可決しました。

12月の第４回定例会本会議では、賛成26（共産・社会・公明・清風ク・民社）、反対19（自民・自民同士ク）の多数で条例は可決されました。

議場から後ろを振り返ると、傍聴席を埋め尽くした区民は感激で涙していました。

3　大内区長、区民投票条例を「再議」に

法律との関係で教育委員の準公選制に否定的だった大内区長は、区民意思に理解を示したものの、地方自治法第百七十六条に基づいて再議に付しました。

ここで注目しておくべきことは、大内区長の再議は、同条第４項の適用だったことです。すなわち第４項の再議を受けた後の議会の議決は、単純過半数で可決できるというのが１項との決定的な違いです。大内区長は、このように条例を自分の手で駄目にするという立場を取らなかったことは評価できます。しかし、再議とは、住民意思を尊重しないものだという激しい批判意見が出されました。

再議を受けた議会は、すぐに再議決しました。大内区長はこの再議決に対し、同じく地方自治法第百七十六条５項に基づき、東京都知事に条例の議決取り消しを求める審査の裁定を申し立てました。

違法か合法かの都知事の裁定は、法律上国家としての機関意思の決定になります。（資料４「大内区長、都知事への審査申し立て書」参照）

時の都知事は、革新の美濃部亮吉さんです。東京都のこの問題の主な協議機関は企画調整局でした。局長は太田久行さん（ペンネーム童門冬二・作家としても著名）。彼を中心に庁議が重ねられ、美濃部都知事による合法の歴史的裁定が下りました。この裁定を覆す道は、訴訟による裁判所の決定を待つ以外にないのです。それほど決定的な裁定でした。

裁定文全文は資料５でお読み取りください。裁判所の判決文と同様に後世に残る大切なものです。（資料５「審査申し立てについての都知事裁定」参照）

大内区長に残された手段は、裁定通りに条例を公布するか、裁判所に提訴するかの２つに１つです。区長としての残りの任期は１カ月しかありません。大内区長は新しい区長にその判断を委ねるという態度を選択したのです。これに対しても、区民の間からは批判の声が上がりました。

４　大内区長、３期目立候補せず

これまでは、反自民五派連合との着実な共闘体制が進んできたのですが、準公選とは別にもう１つ、中野区教育委員の任命問題をめぐって、以前からあった与党と区長の対立が表面化します。

端的に言えば、大内区長は、教育委員の選任権は首長にある、議会はそれに賛成か反対か決める権利がある。一方、与党を含む議会の大部分は、仮にそうだとしても事前になぜ相談がないのか、独断的で官僚的ではないのか、と。どちらもどちら、という感じがしないでもありません。しかし、この突っ張り合いから数カ月に及ぶ教育委員の不在が続いたことは、大内区長と議会与党の間に埋まらない溝となっていきました。

私は、大内さんの近くにいて感じていましたが、根回しなどということは好まない人でした。一方、議会は事前の根回しを得意とする集団です。大内区長はこれですっかり嫌気が差して、３期目には立候補しないことになります。とても残念なことでした。

珍しいほど地位に執着しない大内さんの人柄が成した決断だった、と私は思いました。

この章の最後に、大内区長の仕事を支えた優れた幾人かの職員を紹介して感謝の印とします。小山幸孝さん（総務課長）は、大内さんに請われて都庁から中野へ。新しい区政運営の基本的レールを敷きました。熊崎俊孝さん（企画課長）は、やはり都から中野へ。区長の所信表明等の下書きはほとんど彼の手によるものです。抜群の企画力と調整能力を有し、後に青山区長に呼ばれて再び区職員（企画部長）として貢献しました。中村武さん（総務課長、後に区助役）は、住区協議会と地域センター構想の事実上の推進者で、住民参加論に深い造詣がありました。小川靖郎さん（財政課長）は、革新区政のもとで、初めて起債制度を予算に導入。公園、保育園、児童館等、公共施設建設を財政面で牽引しました。佐竹英章さん（中野刑務所跡地利用計画担当副主幹）は、フットワークがとても良く、時には土日も返上して区議会、区民会議など私たちと一緒に汗を流しました。中野刑務所跡地利用計画策定の立役者でした。中山弘子さん（婦人青少年課長、中野で初めての女性課長、後に新宿区長）は、都から区へ移動してきて、女性職員が管理職に挑戦する大きな刺激を与えました。このほかにも藤原恵一さん（予算課長・後に区収入役）、大日方勇二さん（地域センター所長）、区の生え抜きでは石神正義さん、保母重徳さん、山下清超さんなど等、多くの職員の方の尽力を忘れられません。（カッコ内いずれも当時）

第2部　新しい地方自治の創造

第６章　青山良道区長の誕生と全国初の教育委員準公選

１　79年（昭和54）４月の区長選挙の様相

大内区長の不出馬を受け、加えてこれまで進めてきた反自民五派連合の一角であった公明党と民社党がここから離反し自民党へと流れていく中で、革新陣営は、新たに「明るい清潔な革新区政をすすめる会」を結成しました。

この会は、政党では共産党、社会党、社民党、革自連（革新自由連合）、そして多くの民主的諸団体、労組、さらに広範な学者、知識人、文化人、無党派の区民で構成され、元社会党都議会議員で中野区教育委員の青山良道さんを大内区長の後継者として擁立します。

一方、保守・中道連合は、元東京都出納長の佐久間みのる氏を擁立しての一騎打ちとなりました。

勝算はどうか。単純な票の計算でいけば、保守・中道連合が圧倒的に優位です。加えて直前に行われた都知事選挙では、自民党推薦の鈴木俊一知事が生まれるという不利な情勢です。しかし、選挙の結果は、市民と革新連合の闘いでこの力関係を見事に逆転、僅差ですが勝利しました。まさに奇跡が起こったのです。

この時の区長選挙の最大の争点は、言うまでもなく教育委員候補者選びの区民投票を実施するかどうかでした。また同時に、大内区長が切り開いた福祉、暮らし優先の区政を守るかどうか。さらには、往々にして保守区政につきものの密室政治、宴会政治の復活を許すかどうかなどでした。

保守・中道連合が担いだ候補者が、選挙のためににわか区民として仕立てられていたことも区民に知れわたり、不評を買っていました。

なによりも、区議会が可決した準公選条例を再議に付した大内区長が、選挙では青山候補を全力で応援したことも少なくない勝利の要因でした。

以下に、選挙の結果を記しておきます。

青山良道氏　（革新統一）　６万９６７４票
佐久間みのる氏（保守・中道連合）６万７４７１票

２　青山区長、教育委員候補者選び区民投票条例を公布

激戦を勝ち抜いた青山区長の最初の仕事は、１９７９年（昭和54）５月25日に行なった「教育委員候補者選定に関する区民投票条例」の公布でした。その際の区長談話を紹介します。

「本日、中野区教育委員候補者選定に関する区民投票条例を公布することといたしました。本条例は、区民の直接請求に基づき、区議会が二度にわたって議決したものであり、このことを通じて、区民の意思は確定しているものと考えます。

前区長は区民の意思を尊重しつつも、本条例の適法性について都知事の審査を求めましたが、その「適法」裁定に接し、出訴と公布のいずれを選択するかを新区長に委ねました。

私は、出訴することによって、長い期間、区民と隔てられた場で法律論争を続けるよりも、都知事の「適法」判断が示された以上、公布することによって、区民のなかで『教育はいかにあるべきか』の観点から論議を重ねる方が、住民自治に支えられた民主的教育の発展にとって実利があると考えました。このことから先ず条例を公布することといたしました。

しかしながら、本条例については、さらに補いあるいは改めるべきところがないかどうか、その他実施上の細部について十分検討していく必要があると考えます。

これらの点については、先ほど申し述べました『教育はいかにあるべきか』の原点に立って広く論議を重ねるなかで規定の整備を図り、区民的合意に基づいた円滑な実施をめざしたいと考えます。

中野の教育がより発展するよう、区民の皆さんが論議の輪を広げ、積極的な提言を寄せられるよう期待しております」

中野区編著『教育委員準公選の記録　中野の教育自治と参加のあゆみ』総合労働研究所、１９８２年より

青山さんは都立高校の元教師で、教育者でした。朝日新聞の天声人語で、一世を風靡した深代淳郎さんが都立両国高校で教え子だったことが自慢の種でした。

噛んで含めるようなこの声明は誰にとっても分かりやすく、区民を奮い立たせるのに十分でした。

一方、この声明に対し文部省は、すぐに違法だとの声明を出しました。時の文部大臣は、右派として名を馳せていた内藤与三郎氏です。記者会見をして「法的手段に訴える」という談話まで発表します。文部省はさらに、準公選違法論を盾に都教委に通知を発し、これを受けて都教委は、中野区長に準公選中止の通知を出します。自民党本部からは、中野区へはもちろん各都道府県支部に対し、準公選を広めるな、の通知を出すなど、激しい妨害が執拗に行われました。

しかし、青山区長も、区民も動じませんでした。

３　青山区長初の所信表明と準公選区民投票の実施に向けて

続いて青山区長は、１９７９年（昭和54）６月、中野区議会第２回定例本会議の冒頭で区長就任後、初めての所信を次のように述べました。

（要旨）

（１）高齢者や障害者をはじめとする区民全体の幸せをめざし、福祉区政の前進をはかる。
（２）勤労者、中小企業者の暮らしと経営を守り、消費者の自衛のための努力に協力する。
（３）みどりと防災の街づくりの政策をより進める。
（４）教育と文化を大切にする区政を進める。
（５）参加と連帯の自治の活動が活発に行われ、実を結ぶような政策を進める。

そして、準公選については次のように区議会に投げかけました。

「現在、教育とりわけ子どもたちの教育を取り巻く状況は極めて深刻であり、この状況を打開し、子どもたちが心身ともに健康に育つよう教育の条件を整えていくことは、大人たちの責任である。準公選条例は教育改革の試みの一つとして区民の間から提起され、区議会で2度にわたって議決された。全国でも初めてのことで、法的にも疑義が出されたが、都知事によって「違法の点はない」とする裁定が下されたので公布した。私はこの条例を最終的なものとも、これで教育問題のすべてが解決できるとも考えていない。いかにすれば、教育委員として最もふさわしい人を選定できるか、文化的選挙が可能になるか、広く論議が行われ区民的合意が形成されることを期待する」

中野区議会史編さん委員会編『中野区議会史　本史』中野区議会、１９８７年より

4　区民投票に向け、合意形成を目指して

組織改正と専門委員の設置

青山区長は、条例の公布と同時に、区の組織の中に条例が定める事務を進めるための「教育委員選任問題担当」職を設置し、そこには課長職を充てました。

また、条例に不備がないか、改善点がないかなどを検討するため「中野区専門委員の設置に関する規則」を制定し、教育委員選任問題専門委員を設置。次の５氏に委員を委嘱しました。

兼子仁東京都立大学教授（行政法、教育法）、神田修立正大学教授（教育行政学、教育法）、松原治郎東京大学教授（教育社会学）、室俊司立教大学教授（社会教育学）、吉田善明明治大学教授（憲法）。

１９７９年（昭和54）８月に調査を委嘱された専門委員は、翌年１月には中間報告をまとめ、最終報告は３月31日に出されました。

報告の主な項目は

（1）教育委員準公選制についての基本的な考え方

（2）現行条例に基づく教育委員準公選制の具体化について（①準公選の仕組み、②投票勧誘運動のルール、③区民投票の結果の『尊重』について）

（3）現行条例を修正しようとする場合の考え方

当時の青山区長／中野区提供

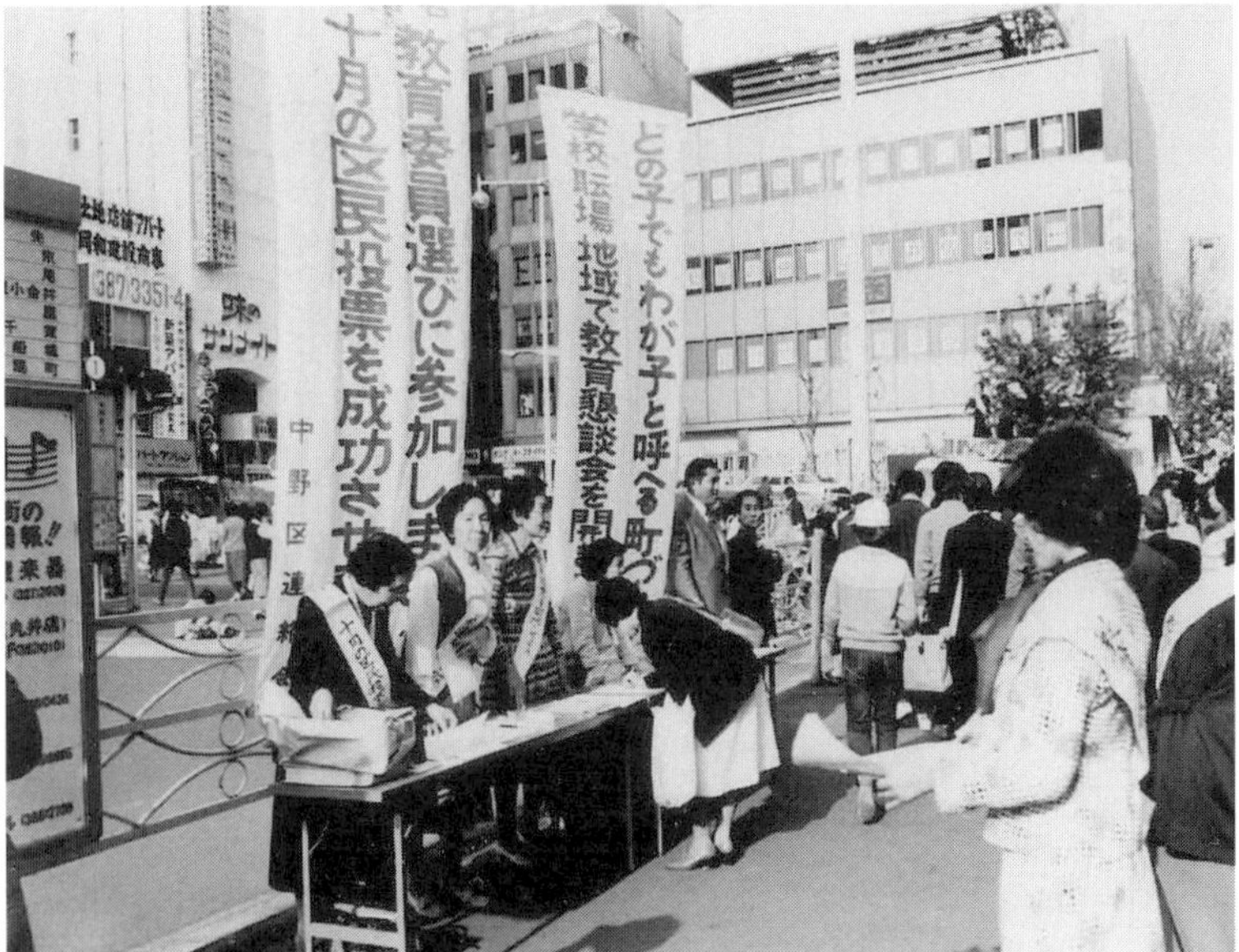

1981 年 2 月　教育委員準公選の街頭署名運動／中野区提供

（4）　教育委員準公選における運動と他の法令等との関係
（5）　教育委員準公選における区民および区の役割
の5つでした。

区長は区議会にもその旨、報告しました。議会の質疑は多岐にわたりましたが、専門家により周到に検討、研究、調査し準備された報告に対して、議会も非常に高く評価したことは言うまでもありません。

教育委員選任問題に関する報告全文は『教育委員準公選の記録　中野の教育自治と参加のあゆみ』（中野区編著、総合労働研究所）参照。

「中野の教育をよくする会」の努力

準公選条例の公布を受けて、中野の教育をよくする会は、1979年（昭和54）6月に区立桃ケ丘小学校体育館で「中野区教育委員準公選条例公布記念区民の集い」を開き、篠原一東京大学教授が記念講演を行いました。注目されたのは、当時自民党の区議会議長であった斎藤政一氏の次のようなメッセージでした。

「教育の問題に区民の論議と幅広い合意を得られるよう一層努力されることを期待する」。短いですが予想外の励ましに、参加者は勇気づけられたのです。もちろん、青山区長の「私は住民の意思を尊重しこの条例を公布した」とのメッセージが紹介されたときは、満場から大きな拍手が沸き起こりました。区会は、直接請求運動で推進力となった地域ごと、班単位で教育懇談会を行うことを呼びかけました。区民投票も視野に活発に地域集会、懇談会、夏季・秋季講座などが行われました。

そこに呼ばれた講師の人々を紹介しておきます。太田堯氏（都留文科大学学長）、佐田智子氏（朝日新聞社会部記者）、三井為友氏（創価大学教授）、三上満氏（葛飾区立大道中学校教諭）、三上昭彦氏（明治大学助教授）、永井憲一氏（法政大学教授）。このほかにも西村俊英氏（朝日新聞論説委員）、大槻健氏（早稲田大学教授）、永畑道子氏（教育評論家）、藤岡貞彦氏（一橋大学教授）、綿引まさ氏（東京都立大学講師）などです。いずれの講師も、専門的見識に裏打ちされた素晴らしい講演でした。参加した区民、議員、職員ともに滅多に受けることのできない貴重な講演でさらに確信を深めていきました。

これらの講演で得た知識を基に、パンフレット『見つめよう今の教育を、創り出そう中野の教育』を発行し全世帯に配布するなど、区民合意に力を尽くしたのです。

区議会、奇跡の全会派合意

青山区長は、条例公布の翌年３月５日から始まった第１回区議会本会議に、区民投票の実施に必要な経費３２７５万２千円、広報費６５７万９千円を含む一般会計予算案を提出しました。

この予算案を審議した区議会予算特別委員会では自民党、民社党、公明党などが時期早尚として、実施経費を削除する予算修正を多数で可決しました。しかし、広報費は残されました。首一つ残った、というのが私の実感でした。区議会は直ちに「教育委員候補者選定区民投票施行に関する調査特別委員会」を設置します。

この特別委員会の委員長は自民党の伊藤岩男氏、副委員長は共産党の桃田数重氏。そのもとに7人で構成される理事会が設置され、私は共産党区議団を代表して理事会に参加しました。

自民党本部、文部省からの妨害が激しくなるなど重要な事態を迎えた第1回定例議会を前後して、議会折衝は緊迫します。連日、毎夜、公式の委員会とは別に、それが終わってからの政党・会派間の非公式の話し合いは、時には夜を徹して行われたのです。私自身、ほとんど夜中の12時前に家に帰るということのない生活を送っていました。よくも身体が持ったものだと、今更ながら感慨深いものがあります。

この表と裏の話し合いのメンバーを感謝を込めて紹介しておきます。

自民党の幹事長は鮫島鷹一さん。当時は日本歯科医師会技術担当常務理事もしており、実弟は海上自衛隊の幕僚長。ご自身は、政治的には保守リベラルの方でした。頭の切れは凄かったです。民社党は川上進さん。代議士の和田耕作さんを尊敬しており、一見してテキ屋の親分のような人で、この問題のキーパーソンです。その動向次第で、自民も公明も大きく左右される存在でした。社会党の幹事長は矢尾嘉秀さん。全電通労組の活動家で社会党右派、議会では〝喧嘩の矢尾〟の異名で呼ばれていました。反自民五派連合の結成でも、準公選の実現でも、この人を抜きにしては実現しなかったと思います。共産党は中沢ひろやさん。住民運動の名手とも言われ、他党派からも一目置かれていました。区長準公選でも、教育委員準公選直接請求運動でも火付け役（?）はこの人でした。沖縄返還運動を本土で繰り広げたことでも有名になった方です。公明党は西村孝雄さん。東北大学教育学部を出ているだけに、教育にはかなりの見識を持っていて、ある意味では理論さえしっかりぶっつけ合えば一致点は見い出しやすい人でした。さらに清風クラブの工藤泰治さん。彼は大連生まれで、後に東京農業大学を出て、帆足計代議士の秘書。日本と朝鮮は一衣帯水の間柄と、朝鮮との友好関係にも力を入れていました。この清風クラブ会派控室こそ、社・共などの議員のたまり場となり、様々な知恵が生み出されるサロンとなっていたのです。

いずれにしても、党派を超えての〝地方自治〟に対する気概を強く持ち合わせていたことが、真剣な話し合いと合意を作り出す基礎になっていたということです。

ここでもう1人、区側の責任者（準公選担当副主幹）西山邦一さんも加えなければいけません。彼は東京都の選挙管理委員会事務局職員で、青山区長に請われて中野区に転職してきました。公職選挙法のプロを認じていて、にもかかわらず役人離れした奇想天外な発想は、区議会議員の間でも好評でした。どんなに夜遅くなっても、行動を共にしてくださったことに、特別の感謝の意を込めてここに紹介しておきます。

こうした中で、違法・合法論はもとより、条例本体のどこが問題で、どう改正するかに議会の議論は集中していました。大別すると論点は次の通りです

（1）条例の中の、投票の結果を「尊重」するから「参考」にすると和らげられれば、違法性をクリアーできるのではないか。

（2）政治選挙と違った文化選挙とはどういうイメージなのか。政党が介入する恐れとは何か。

（3）投票方法は、必ずしも普通選挙のように投票場へ行かなくとも、例えば、はがきによる郵便投

票という方法はどうだろうか、等です。

そうこうしているうちに、第2回定例会が開かれ、青山区長は、ここに先の本会議で削除された区民投票実施経費の補正予算（案）を区議会に再提出しました。非常に強気でした。しかも筋を通す毅然とした態度は、反対する議員にも強いインパクトを与えたと思います。

特別委員会の理事会と会派代表者は、定例会の最終日になって以下の4点で合意に達し、青山区長に申し入れました。

（1）区民投票は4年に一回とする。
（2）定数は明記しない。
（3）区民投票の実施期日は、56年2月末日までに行う。
（4）投票の方法は当分の間郵便投票とする。

本部からは潰せ、と強く命令されていた自民党会派がその圧力を跳ね除け、ここまで足並みを揃えたことは、これはまさに奇跡でした。「直接請求に示された、区民の意思を何よりも大切にしよう」という全会派の共通認識が大きかった事。胸襟を開いた話し合いの中での人間的信頼関係を築いていった事も見過ごせない要因だったと思います。

私たち与党会派は、自民、公明、民社の各党に心からの感謝の意を伝えました。

この申し入れを受けて、区長は区民投票実施予算を再度撤回しました。実施期日、投票方法まで合意した確認事項が示されたことは、必ずしも10月実施に拘ることはなかったからです。

定例会最終日に提案された教育委員準公選条例改正案は、次のように修正され、全議員の共同提案として提出されたのです。

第一　区民投票の結果の「尊重」を「参考」に（第二条関係）

第二　区民投票を「2年ごと」に行うことになっていたものを「4年ごと」とし、定数規制を削り、「郵便投票とする」ことを明文化（第三条関係）

第三　第一回投票は「昭和55年10月」施行を、昭和56年2月末日までに行うこと（付則二項関係）

第四　推薦署名数を「60人以上」から「60人以上100人未満」とすること（第五条関係）

このようにして会期を2日間延長した6月定例会最終日に、修正した条例案が満場一致で可決されたのです。（資料3「中野区教育委員候補者選定に関する区民投票条例」参照）

これを受けて青山区長は、9月第3回区議会定例会に改めて区民投票の実施予算を含む補正予算を上程し、全会一致で可決されました。

5　第1回区民投票の結果と教育委員会改革

81年（昭和56）第1回区民投票の結果は、10万7896人が投票。投票率42・99％

1981年（昭和56）1月6日に推薦用紙が公布され、1月26日公示、投票期間は2月12日から25日までの2週間。果たしてこの「選挙」に出て下さる人はいるだろうか、といつも冷や冷やしていましたが、立候補者は8名。その中には著名な評論家である俵萌子さんの名前もありました。これは相当いけるぞ、というのが私たちの実感でした。

候補者は、区長と「政治選挙にしない」「文化選挙に徹する」等の協定を結び、教育懇談会、対話集会、個別訪問などを主とするとてもユニークな投票運動を展開しました。

区の記録では8人の候補者と、その支援者が開いた集会数は300回。参加者は1万1900人。個別訪問戸数は延べ2万4695軒に上ったと記しています。わずか1カ月で、これだけの区民と候補者、その運動者と教育問題について話し合いが行われたことは、教育史上でも画期的なことと言えるのではないでしょうか。郵便投票による投票用紙には、中野の教育について自由に書き込む欄が設けてありました（これもユニーク）。区民が書いた自由意見は「期待される先生像」、「教育方針」、「教育委員の理想像」、「非行・校内暴力」、「幼稚園」、「社会教育、家庭教育」など多方面にわたっていて、寄せられた意見数は8千件以上になったと報告されています。これも前代未聞のことです。

10万７８９６人が投票、参加率42・99％。この投票率を高いとみるか、低いとみるか。首長や、地方議員選挙でも20～30％台が幾つもあった中、よほど恣意的な見方の政治家などは別として、マスコミをはじめ、大方の人が予想以上の高さだったと評価したのは当然ではなかったでしょうか。

以下、第１回区民投票の候補者別獲得票数を記録しておきます。

俵　萌子氏	（評論家）	３万３９７１
森久保仙太郎氏	（児童文学者）	２万１１８６
矢島忠孝氏	（医師）	１万８０７６
高田ユリ氏	（主婦連会長）	１万８０５８
伊藤照子氏	（主婦・ＰＴＡ活動家）	６１７６
岩本　武氏	（無職）	５２０１
後上道雄氏	（著術業）	３０９２
高野　武氏	（無職）	１４８８

最初の改革は、夜の教育委員会開催

青山区長は、同年３月に開かれた中野区議会第１回定例会で、区民投票の結果を「参考」にした、以下の３名の方についての教育委員の同意を求めました。

俵萌子さん、森久保仙太郎さん、矢島忠孝さんです。区議会は全会一致で同意しました。晴れて準公選教育委員の誕生です。

合意のためのあらゆる努力を尽くしてきただけに、このような一致が勝ち取れたことは感慨無量でした。

新しい教育委員会は、まず傍聴規定の改正に取り組み、それまで10名だった傍聴者枠を取り払い、希望する区民全員を認めるように傍聴席を拡大し、さらに傍聴者にも、あらかじめ当日の議題書や、委員に配られる資料も全部を配布するように改革したのです。それにつれて傍聴者がどんどん増えていきました。

一番区民を驚かせたのは、働く人々も傍聴できるようにと〝夜の教育委員会〟の開催を決めたことでした。当然ですが傍聴席はいつも満席でした。

また、こんなエピソードもありました。時はちょうど小・中学生の卒業式。お祝いの言葉を述べる教育委員は、あらかじめ事務局が用意した原稿を読み上げるのがそれまでの慣例でした。しかし、準公選教育委員は「それでは、卒業する子どもたちに本当の気持ちが伝わらないのではないか、子どもたちへの思いを、自分の言葉で述べよう」と話し合いをしたそうです。小さなことの様ですが、なによりも子どもたちへの、そして自分たちを選んだ区民への真摯な気持ちの表れでした。「雲の上の名誉職」でなく、いつでも区民とともにあるという姿勢が滲み出るようになったことは、教育委員会の大きな意識改革だったのです。

1985 年 2 月　第 2 回教育委員準公選、全候補者の参加アピール／中野区提供

教育委員との対話集会も、各地域や団体で活発に行われるようになりました。

教育委員会が変われば、深刻になっている教育問題が解決されるというほど単純なものではありません。しかし、このような改革によって、区民と一緒になって問題意識を共有することができるようになり、解決に向かうための大切な足掛かりを作ったと言えるのではないでしょうか。

教育委員準公選の運動

元東京都教職員組合中野支部書記長
菊池　恒美

中野の教育委員準公選の運動時、私は東京都教職員組合中野支部の書記長でした。区民のみなさんと「中野の教育をよくする会」を立ち上げ、教育委員準公選条例の直接請求運動を起こしました。会長の黒田秀俊さん（元中央公論編集長）は「あの夏、子どもたちのために汗を流したと誇れる活動を」とよくおっしゃいました。

私たち教職員は直接請求署名活動ができないので、受任者をお願いすることと教育懇談会に力を入れ、汗を流しました。分会（学校ごとの組合組織）の熱心なとりくみで、多くの父母やＰＴＡ役員の方も受任者を引き受けてくれました。「『子どもたちと学校の実情や問題』を話し合い、地域と学校と教育委員会が協力して、よりよい教育にしていきましょう」と、中学校区ごとの教育懇談会を呼びかけました。東京土建中野支部主婦の会（現・かなめの会）の地域ごとの懇談会や新日本婦人の会中野支部の班会にも参加して、文字どおり「ひざを突き合わせて」話し合いを深めました。直接請求署名の成功、準公選条例の成立、教育委員選びの投票、選任の区議会への働きかけと傍聴など、忙しくも充実した日々を送ることができました。

準公選で選ばれた教育委員によって、まず教育委員会が変わりました。傍聴者と対面になるように委員会の座席配置を変えました。「地域での教育委員会」や「夜の教育委員会」を開き、月の最後の委員会では「傍聴者発言」の時間を設けて区民の意見を直接聞く機会をつくりました。毎週金曜日の委員会の午後や夜は、区民や団体からの要望に応えて対話の時間を設けました。また「開かれた教育委員会、開かれた学校」をめざして、教育委員が学校訪問しました。一部では固く構えて管理職だけが対応した学校もありましたが、多くの学校は教職員総出で出迎え、なごやかな雰囲気のなかで率直な話し合いがすすめられました。

中野富士見中の事件（同校生徒の自殺）のとき、準公選2期目の教育委員会は現地の学校で委員会を開き「子どもたちを中心に据え、父母、地域と学校が力を合わせて解決する」方向を打ち出しました。まちがっても「力で子どもたちを抑え込むことはしない」としました。学校もその方向で、子どもたちとの良い関係を築くことを基本に実践を重ねていきました。私は、その6年後に中野富士見中に異動しましたが、そのときに「この学校は『先生が威張って生徒は我慢』という中学校とは逆の『生徒は自由に振る舞い、先生はそれをあたたかく見守る』関係が成り立っている」と強く感じました。これも、教育委員準公選がもたらした成果だと思います。

地方自治と教育自治の歴史に輝く「教育委員準公選制」

元明治大学教授
三上　昭彦

40年余り前のことになる。東大「五月祭」の教育学部の企画として開催された「教育委員準公選制」の「公開シンポジウム」に参加した。当時の私は30代半ばの駆け出しの大学教員であり、中野区で始まっていた教育委員準公選の取り組みに強い関心と興味を寄せていた。シンポの大きな論点は「準公選制は合法か違法か」であった。私はフロアーから「違法ではなく教委制度の本来の趣旨を生かすもの」との意見を述べた。シンポが終わり会場を出ようとした時、数人の方々から声をかけられた。中野でこの運動に取り組んでおられた住民や区議のみなさんだった。この偶然の出会いが、私がその後この取り組みに研究者として深くかかわるきっかけとなったのである。

戦後教育改革の柱の一つであった公選制教委制度は、1956年（昭和31）の地教行法によって首長・議会による教育委員任命制に改編され、その権限と自主性も弱められ著しく形骸化していた。教育委員の準公選制は、教育行政への住民参加を任命制の枠内で復活させ、住民に直接責任を負った民主的教委制度として再生させようとする自治的試みであった。区民による条例制定の直接請求運動を起点にし、区民、区議会、区長・部局、専門家が協同して熟議を重ね、英知を結集して練り上げた自治的かつ創意的なしくみである。その制度的核心は区長が教育委員候補者を選任するのに先立って、区独自の区民投票（郵便ハガキ投票制）を実施し、その結果を「参考」にして候補者を選任し、議会の同意をへて正式に任命するという点にある。全国に先駆けて実施された教育委員準公選制は、大半のマスメディアも大きく取り上げ全国的に注目され大きな反響をよんだ。

１９８１年（昭和56）２月に行われた最初の「教育委員候補者選びの区民投票」では、区民の推薦を受けた８人が立候補し、候補者と支援区民などによる実に多様多彩な投票運動が展開された。ハガキ投票には10万人を超える区民が参加した（投票率約43％）。俵萠子さんら３人の「準公選」教育委員が、区議会全会一致の同意をへて青山区長により任命された。区民投票をへた教育委員会は目覚ましい変化と活発な活動をくり拡げていく。委員会は区民に開かれた身近なものとなり、子どもと学校、保護者と区民に顔を向けた活動が展開されていくのである。準公選制４期16年の歩みと実績は、地方自治と教育自治の歴史に輝いている。今こそその豊かな経験を振り返ってみる必要があると痛感している（詳しくは中野区編著『教育委員準公選の記録』１〜４、総合労働研究所、エイデル研究所、三上昭彦著『教育委員会制度論―歴史的動態と〈再生〉の展望』エイデル研究所、などを参照）。

教育委員準公選の専門委員として

東京都立大学名誉教授
兼子　仁

中野区の教委準公選に私は以下のようなかかわりをしました。

まず1978年（昭和53）末の区議会条例審議に際し、公述人として賛成意見を述べました。そして79年（昭和54）8月、青山区長による新規則で定められた「教育委員選任問題専門委員」（地方自治法上の専門委員）の1人に任ぜられました。その調査検討結果で教委準公選制を具体的に固める80年（昭和55）3月の報告書を公にして以来、81年（昭和56）の第1回区民投票から、87年（昭和62）神山区長の新規委嘱を経て、94年（平成6）まで4回に及ぶ専門委員の会議で、各段階で求められた区民投票制の改革案を提案しました。

専門委員代表である私の議会説明に対する各党議員さんの質疑は概しておだやかでしたが、新自由クラブの若手議員から一度、「先生の説明でますますわからなくなった」と言われ、感情を抑えるのに苦労した経験を思い出します。

中野区だけの教育委員選び区民投票条例は、特別区長準公選制に連なるとしても、青山区長の「文化的選挙」観をふまえ、私ども専門委員の報告書では、「教育の政治的中立性」を〝文化的住民自治〟として活かす区民投票制の改革・改善を強調し続けました。

その過程で主要問題となった第1は、革新区政をめぐる区議会内政党間の対立との関係でしたが、中野区革新政党の自治方針は結局、教育・福祉など各分野別の地域住民自治を尊重し、教委準公選条例を重んじたわけでした。

第2に、早く78年（昭和53）の文部省による教委準公選投票「違法」解釈「通知」（区議会自民党は賛同）を、中野区自治として乗りこえる必要がありました。しかし、今から見ると、99年（平成11）地方自治法の分権改正に基づく自治体の「自主解釈権」確立の手前だったため、残念ながら4回投票を経て95年（平成7）の投票条例廃止のやむなきにいたった次第でした。

さて、その後２０１４年（平成26）の地方教育行政法改正によって、公選首長が教育行政責任をも果たせるように教育長任命と総合教育会議の招集ができるようになり、今日的所見が求められるでしょう。しかしこれは、各学校の教育を自治体政策で完全にコントロールする主旨ではなく、教育委員会はいぜんとして、自治体政治に対する学校教育自治を地域的にサポートする立場にあるはずで、改めて教育委員選びの準公選住民参加が〝文化的地域自治〟として問われうるものと考えられますね。（参考、兼子仁『地域自治の行政法』２０１７年、北樹出版、『季刊教育法』１８０号、特集「どうなる教育委員会制度」２０１４年、など）

第7章　「憲法擁護・非核都市宣言」、「平和行政条例」

1　「憲法擁護・非核都市中野区宣言」

青山区長と区民との共同で進められたもう１つの画期的な出来事は、憲法擁護・非核都市中野区宣言と、その後、神山区長に引き継がれ、実を結んだ中野区平和行政の基本に関する条例の制定です。

中野区議会は、平和問題や広島・長崎の原爆被爆者支援、核兵器廃絶問題などについて、政府に対する意見書を度々提出する活発な活動を続けてきました。私が記憶する限りでも議員1期目の１９７３年（昭和48）、「原子爆弾被曝者援護法の制定促進に関する意見書」を、区民からの陳情を受け全会一致で決めて政府に提出しています。また、「核兵器をつくらず、持たず、持ち込ませず」の非核三原則の立法化を求める陳情も全会一致で採択し、内閣総理大臣に意見書を提出しています。

当時の法務大臣奥野誠亨氏が、憲法改正発言をしたことに対し、１９８０年（昭和55）９月には「平和憲法擁護に関する意見書」を賛成30、反対13、棄権５の多数で採択し、内閣総理大臣に提出しています。

１９８２年（昭和57）６月の第2回定例会では、憲法擁護・非核都市宣言を求める中野区実行委員会から「憲法施行35周年記念『憲法擁護・非核都市中野区宣言』などについて」の陳情が1万2千人余の署名を添えて提出されました。この組織は、弁護士の菅谷哲治氏が会長で労働組合、女性、青年団体、個人など幅広い市民が集まって結成されたものです。わずか1カ月で、これだけの署名を集めたのは大変なことでした。

陳情の項目は

（1）憲法擁護・非核都市中野区宣言をおこなうこと

（2）区庁舎など区施設への憲法擁護のスローガンを掲示すること

（3）社会教育の一環として区民による憲法学習への援助をすること

これらを区議会から、区に働きかけ実現するようにというものでした。

（3）は継続審査となりましたが（1）、（2）は賛成多数で採択されました。

青山区長は、区議会での陳情採択を受けて、宣言文とスロ

非核都市宣言を求める署名チラシ

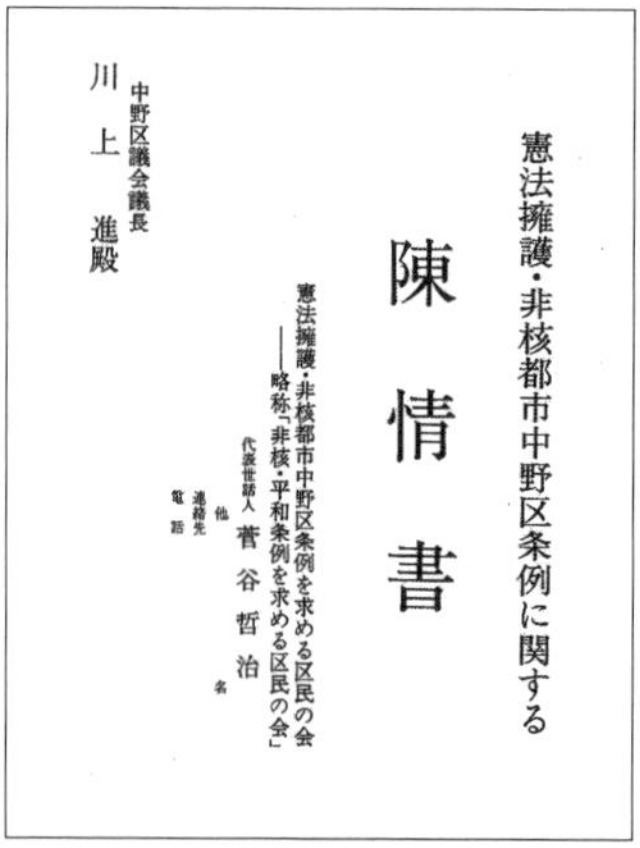

憲法擁護・非核都市中野区条例に関する

陳情書

憲法擁護・非核都市中野区条例を求める区民の会
——略称「非核・平和条例を求める区民の会」

代表世話人　菅谷哲治
他　名
連絡先
電話

中野区議会議長
川上　進殿

憲法、非核条例制定を求める陳情書扉

ーガンの起草に入りました。区長はその案文を区議会に提示し、議会はそれを了としました。青山区長は、８月14日にこの宣言文を記者会見で発表し、翌、15日付の中野区報に掲載しました。

宣言文は以下の通りです。

憲法擁護・非核都市の宣言

まちには　こどもの笑顔がある
ひろばには　若者の歌がある
ここには　私たちのくらしがある
海を越えた　かなたにも
同じ人間の　くらしがある

いま　地球をおおう　核兵器は
あらゆる　いのちの営みを
この　しあわせを　奪い去る

私たちの憲法は

暮らしを守り　自由を守り
恒久の平和を誓う

私たちは　この憲法を大切にし
世界中の人びとと　手をつなぎ
核を持つ　すべての国に
核兵器を捨てよ　と　訴える

この区民の声を
憲法擁護・非核都市　中野区の
宣言とする

余談ですが、この宣言を起案したのは都の職員から青山区長に請われて中野区の企画部長をしていた高橋康一さん（故人）です。感謝をこめて記しておきます。

そして、スローガンは
「憲法を　生かそう　くらしに　中野のまちに」です。

今でもこのスローガンは、区庁舎正面に大きな横断幕で掲示されています。また、宣言文は学校、保

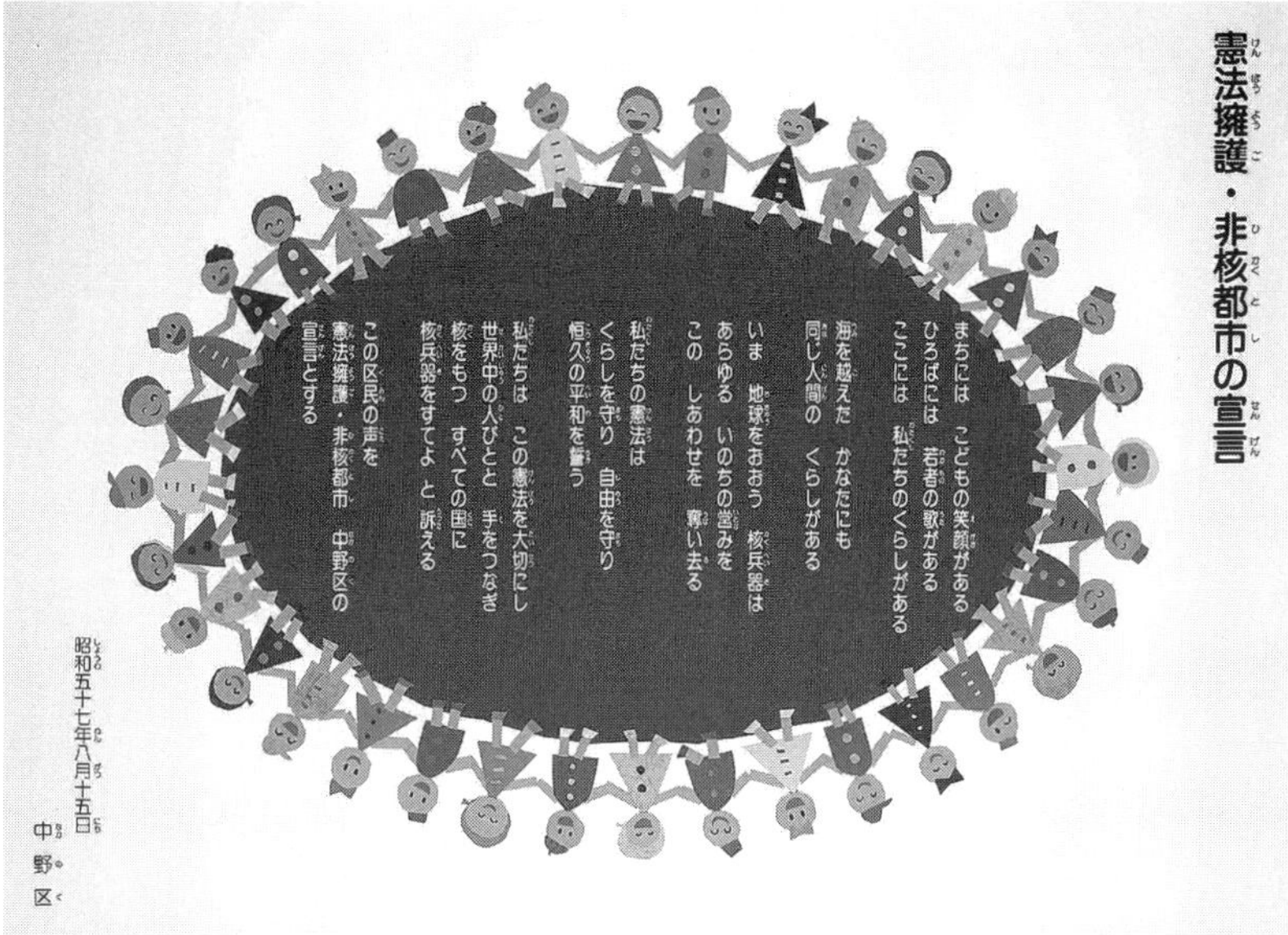

憲法擁護・非核都市の宣言ポスター／出所：中野区ホームページ

1982 年 8 月 14 日　憲法擁護のスローガンが書かれた横断幕を庁舎に掲げる

育園、図書館、公園等すべての区立施設に掲示されています。

多くの自治体に「非核宣言」があります。しかし、憲法擁護を前面に掲げたこの種の宣言は、革新府政下の京都府、愛媛県新居浜市、そして中野区以外にはないので、極めて重要ではないでしょうか。まして や、京都府では知事が変わって「憲法を暮らしの中に生かそう」の垂れ幕が剥ぎ取られましたが、中野の横断幕は、40年たった今も掲げ続けられているのです。見るたびに、万感胸に迫るものがあります。

この運動の発展として「憲法擁護・非核都市中野区条例」の制定を求める市民運動が引き続き、意気盛んに進められるのです。この条例は青山区長の急逝後、神山革新区長になってから実現するのです。

2　平和行政条例の制定過程

平和行政条例の制定を求める運動は、宣言を求める運動と一連のものなので、この章の中で取り上げておきます。この条例は青山区長を引き継いだ神山区長によって制定されたものです。ある雑誌に、当時掲載された私の拙文を補足、抜粋しその制定過程を紹介します。

「中野区における『平和行政条例』の成立過程と今後の課題」

「全国初の平和行政条例」

「さる3月26日、中野区議会で採択され、4月1日発行になった『中野区における平和行政の基本に関する条例』（以下平和行政条例）が各方面の注目を集め、4月に入ってからは地方議会からの視察も相次いでいます。

朝日新聞は、3月27日付け全国版で「『非核平和都市宣言』をした自治体は今年2月現在で1450を超すが、平和行政の基本を定めた条例が作られたのは全国で初めて」と詳細な解説付きで報道しました。

『赤旗』は、4月6日付け主張で「今回の中野区での平和行政条例制定は、非核自治体宣言の一層の拡大とそれを実効あるものとしていくことの重要性、またその基礎として、核戦争阻止、核兵器廃絶を掲げた地域住民の持続的運動の必要性を改めて教えています」と、条例制定の意義をそれぞれ的確に評価しています。

制定された平和行政条例は、全文十一条、附則一項からなるコンパクトなものです。

第一条は、目的として「中野区の平和行政にかかわる基本原則並びに平和に関する事業の推進及びその財源確保について定め」とし、第二条、基本原則では「中野区は世界の平和を求める区民の意思を表明した憲法擁護・非核都市の宣言の精神に基づき、日本国憲法の基本理念である恒久平和の実現に努めるとともに、区民が平和で安全な環境のもとに、人間としての基本的な権利と豊かな生活を追求できるよう、平和行政を推進する」とうたっています。そして第三条では、どのような平和事業を推進するかを例示的に規定し、第四条では、これらの事業に要する財源確保のための「中野区平和基金」を設置し、第五条で基金の額を「２億円」とするなどを定めています。

多くの方がご承知のように、中野区には全国で初めてとか、あるいは全国唯一というものに、いわゆる教育委員準公選条例があります。今度の「平和行政条例」もこれと同様にその制定に至るまでには中野らしい独特の経過をたどりました。それは一言でいえば、住民が発意し、議会が議決し、行政がそれを実現するという三位一体型とでも言えるのではないでしょうか。

「中野自治懇談会」で2年にわたる手作り条例案の検討

憲法擁護・非核都市宣言条例の制定が中野自治懇談会で議題に上ったのは、１９８６年（昭和61）４月です。条例の制定は可能か、どのような内容にすべきか、運動はどのように展開するかなど、足掛け2年近くに及ぶ検討の中で、非核を定める条例である以上、核兵器や核兵器につながる恐れのある原子力の問題を条文化することは可能か、憲法9条に違反する自衛隊をどう扱うか、自衛隊法に定める地方自治体の隊員募集協力義務についてこれを拒否する条文化は可能か、軍事物資輸送や上空の通過について規制できるか、原子力発電所の問題をどのように扱うかなど、かなり高度で難しい議論と併せて、立法化の可能性について弁護士などの専門家を入れて検討を重ねました。

その結果、条例名は「憲法擁護・非核都市中野区条例」としました。

主な内容を記すと、

（目的）
第一条　私たち中野区民は、国際平和を誠実に希求し、平和に生きる権利があることを確認し（略）
（平和事業の施策）
第二条　区及び教育委員会は、核兵器の廃絶等、平和のため次の施策を積極的に推進する。
（１）平和意識の普及・宣伝
（２）平和教育の推進
（３）平和に関する事業の主催、共催、あるいは後援
（４）その他、この条例の主旨に沿う事業
（区と外国諸都市との交流）

第三条　区及び教育委員会は、区民の平和に関する自発的な活動に協力するとともに、平和を愛する諸国民との相互交流を図り、国際交流に寄与する。

（平和費の計上）

第四条（略）

そして一番難しかった課題は次のように条文化しました。

（反平和的行為の禁止）

第五条　区は、日本国憲法が定めた平和主義を遵守するとともに、憲法擁護・非核都市の宣言に反する施策をなさない。

２　区は前条の目的を達成するための、次の行為を行わない。

（１）　核兵器の製造、貯蓄あるいは通過に協力すること

（２）　区の財産及び個人の財産を区及び本人の意思に反して戦争の目的に利用すること

（３）　徴兵及び徴用、その他戦争に協力する業務を行うこと

小委員会がまとめた案は懇談会で承認され、「憲法擁護・非核平和条例を求める区民の会」として大々的な署名運動を展開しました。この署名もわずか1カ月で、１万人を超えたのです。

「区議会で1年3カ月に及ぶ陳情審査、採択」

１９８８年（昭和63）６月、第2回定例会で受理され、総務委員会に付託されたこの陳情は、翌年の9月議会まで約1年３カ月に及ぶ審査が行われました。私はこの委員会の委員長を務めていましたので責任は重大でした。

賛成、反対の激論が何回も交わされました。しかし、憲法擁護・非核都市宣言は満場一致で議会を通過していたことから、なんとか折り合いがつかないか粘り強い折衝が続けられましたが一致しませんで

した。最終的には住民からの陳情書に添付された条例案を共産党、社会党、革新無所属案とし、これとは別に公明党案、民社党案、自民党案もそれぞれが提示されたことも委員長の審査報告に入れることを確認した後、多数で採択し、１９８９年（平成元）９月、第３回定例会で「議会の審議経過を尊重して立法にあたるよう」という付帯意見を付けてこの陳情は賛成多数で採択されました。

陳情代表人の菅谷弁護士が、できれば議員立法でこの条例を制定してほしいと、委員会で議員に呼びかけましたが、かなわず、区側に条例制定を投げかける事になったのです。

議会の議決を受けて、区は翌年３月の第１回定例会に「中野区における平和行政の基本に関する条例（案）」として直ちに本会議上程され、総務委員会に付託されました。

この項の最初に紹介したように市民が作った条例案と比べるとかなり劣りますが、それでも溝は埋まらず、全会派一致を目指す努力が夜を徹して行われました。自民党はあくまで平和基金条例でなければならないと譲らず、しかし賛成派は公明党を含めて平和行政条例でなければ意味がないと論陣を張り、お互いに譲りませんでしたが最終的には自民党も含めて全会一致でこの条例案を可決したのです。こうして、日本の自治体における非核平和行政の歴史に残る金字塔が打ち建てられました。

「中野区の平和行政の基本に関する条例」の場合、一見して分かりますように核兵器や、それにまつわる核問題については、憲法擁護・非核都市宣言文を条例に付記しているのみで、直接的言及はできませんでした。

それは、相当の意見の隔たりがあっても、どこかで妥協し合いながら最大限の一致を見出そうとするところから来ていました。

しかし、もう1つの大きな壁は、日本の場合は条例制定請求権が認められていても、国の法律との関係で、その法の範囲内（憲法第九四条）でしか条例を定めることができません。

アメリカの自治制の場合は、条例案を直接住民投票にかけて過半数の賛成が得られればそのままその条例は制定できるようになっていると聞きます。この違いがアメリカ各地の非核条例との差になっているのです。日本でこれを乗り越えることはほとんど不可能でしょう。

初出：日本共産党中央委員会編『暮らしと政治』１９９０年6月号、日本共産党中央委員会、１９９０年

「中野区における平和行政の基本に関する条例」は、その後、首長が誰に変わろうと変えられることなく、今日も生き続けています。「憲法擁護・非核都市中野区宣言」とともに、この条例を生かした区民の新しい運動が巻き起こることを期待してやみません。

3　非核自治体外交の展開―外交は国の専権事項にあらず―

青山区長が進めたもう1つの特筆すべき事業は、世界に非核自治体を広げようとする自治体外交です。青山区長は常々、外交は国の専権事項ではないとの信念を燃やしていました。そして、イギリス・大ロ

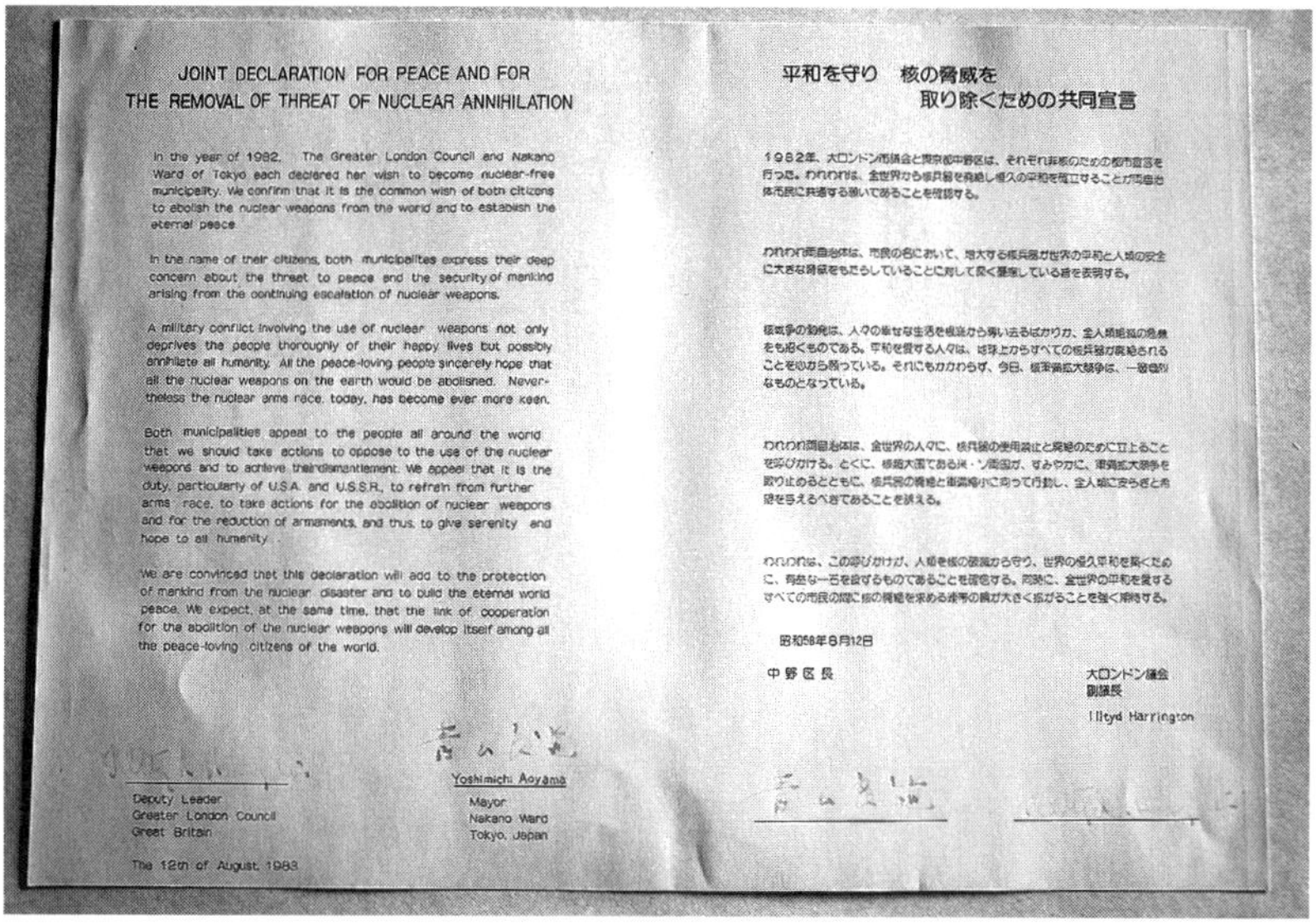

JOINT DECLARATION FOR PEACE AND FOR
THE REMOVAL OF THREAT OF NUCLEAR ANNIHILATION

In the year of 1982, The Greater London Council and Nakano Ward of Tokyo each declared her wish to become nuclear-free municipality. We confirm that it is the common wish of both citizens to abolish the nuclear weapons from the world and to establish the eternal peace.

In the name of their citizens, both municipalites express their deep concern about the threat to peace and the security of mankind arising from the continuing escalation of nuclear weapons.

A military conflict involving the use of nuclear weapons not only deprives the people thoroughly of their happy lives but possibly annihilate all humanity. All the peace-loving people sincerely hope that all the nuclear weapons on the earth would be abolished. Nevertheless the nuclear arms race, today, has become ever more keen.

Both municipalities appeal to the people all around the world that we should take actions to oppose to the use of the nuclear weapons and to achieve theirdismantlement. We appeal that it is the duty, particularly of U.S.A. and U.S.S.R., to refrain from further arms race, to take actions for the abolition of nuclear weapons and for the reduction of armaments, and thus to give serenity and hope to all humanity.

We are convinced that this declaration will add to the protection of mankind from the nuclear disaster and to build the eternal world peace. We expect, at the same time, that the link of cooperation for the abolition of the nuclear weapons will develop itself among all the peace-loving citizens of the world.

Deputy Leader
Greater London Council
Great Britain

Yoshimichi Aoyama
Mayor
Nakano Ward
Tokyo, Japan

The 12th of August, 1983

平和を守り　核の脅威を
取り除くための共同宣言

１９８２年、大ロンドン市議会と東京都中野区は、それぞれ非核のための都市宣言を行った。われわれは、全世界から核兵器を廃絶し恒久の平和を確立することが両自治体市民に共通する願いであることを確認する。

われわれ両自治体は、市民の名において、増大する核兵器が世界の平和と人類の安全に大きな脅威をもたらしていることに対して深く憂慮している旨を表明する。

核戦争の勃発は、人々の幸せな生活を根底から奪い去るばかりか、全人類絶滅の危険をも招くものである。平和を愛する人々は、地球上からすべての核兵器が廃絶されることを心から願っている。それにもかかわらず、今日、核軍備拡大競争は、一層激烈なものとなっている。

われわれ両自治体は、全世界の人々に、核兵器の使用禁止と廃絶のために立上ることを呼びかける。とくに、核超大国である米・ソ両国が、すみやかに、軍備拡大競争を取り止めるとともに、核兵器の廃絶と軍備縮小に向って行動し、全人類に安らぎと希望を与えるべきであることを訴える。

われわれは、この呼びかけが、人類を核の破滅から守り、世界の恒久平和を築くために、有益な一石を投ずるものであることを確信する。同時に、全世界の平和を愛するすべての市民の間に核の廃絶を求める連帯の輪が大きく拡がることを強く期待する。

昭和58年8月12日

中野区長

大ロンドン議会
副議長
Illtyd Harrington

中野区と大ロンドン市との共同宣言（原本写し）／中野区提供

ンドン市と「平和を守り　核の脅威を取り除くための共同宣言」を行い、イギリスのマンチェスターで行われた第1回非核自治体会議、スペイン・コルドバ市での第2回、イタリア・パルージア市での第3回非核自治体会議に参加し、それぞれ会議全体をリードしてきました。

この非核・平和外交は、後の神山区長に引き継がれ、東ドイツのドレスデン、マグデブルグ両市との間で「核兵器の廃絶を願い、恒久平和の努力を誓う共同声明」、ニュージーランド・ウェリントン市との「世界平和への共同宣言」も締結されました。

ヨーロッパでの非核運動の大きな盛り上がりと呼応したもので、恐らく、これほど多くの外国諸都市との共同での非核宣言、声明は、ほかの市区町村の中でもあまり例を見ないのではないでしょうか。

中野区民の宝物―「宣言」と「条例」

元原水爆禁止中野協議会会長
神山　三郎

１万１９７３人の署名を付して中野区議会に提出された「憲法擁設・非核都市宣言を求める請願」が、区議会の全会派一致で採択されたことを受けて中野区は、１９８２年（昭和57）８月14日、「憲法雛護・非核都市の宣言」を公表し、翌15日付で区報に掲載しました。

ヨーロッパでＩＭＦ（中距離核戦力）配備反対を契機に起こった非核宣言運動が、日本でも１９８１年（昭和56）末から始まりました。中野区でも１９８２年（昭和57）４月、憲法擁護・非核都市宣言を求める中野区実行委員会を結成して、運動に取りくみました。当時、憲法施行35周年を前にして、中野区では憲法を守る運動が起こっていたので、「宣言」運動は当初から「憲法擁護」と「核兵器廃絶」という課題を一体のものとして掲げた宣言を作ることを目指し、革新区政の下、区の積極的対応でこれを実現しました。

「憲法擁護」と「核兵器廃絶」の課題はコインの裏表の関係といわれています。この二つの課題を一体化している中野区の「宣言」の先進性を痛感します。

その「宣言」文の内容がまた良い。「簡潔で分かりやすい」「格調高く力強い」「世界中への訴え（国際性）があるのはすごい」など、多くの区民の感動と歓迎の声をしばしば耳にしました。

中野区は「宣言」と同時に、憲法擁護スローガンとして、「憲法を　生かそう　くらしに　中野のまちに」を決定しました。それ以来このスローガンを記した「横断幕」が今も区役所庁舎に高々と掲げられ続けています。こういう自治体は、もう中野区だけになってしまったのではないかと残念ですが、中野区で掲揚が続いていることは素晴らしく、誇りに思っています。

中野区はさらに、1990年（平成2）4月、「宣言」をしただけで終わらせないよう、「宣言」に基づく平和行政を推進するために、「中野区における平和行政の基本に関する条例」を制定しました。これも、憲法擁護・非核都市中野区条例を求める区民の会の陳情が結実したものです。平和行政条例を持つ自治体は、全国で8自治体に過ぎません。

あちこちの公園に「宣言」銘板記念碑が設置され、区の掲示板の両側の支柱には憲法スローガンと、「ともにつくる人間のまち中野」というスローガンが記されていることをご存知でしょうか。憲法擁護・核兵器廃絶という区民の願いは、今も身近なところで息づいています。

第8章　青山区長2期目の当選と、道半ばでの急逝

1　83年（昭和58）区長選挙の様相

青山区長の2期目の選挙も劇的なものでした。自民・公明・民社と新自由クラブに担がれた対立候補は大内区長のもとで助役を務めていた島村平治氏。島村氏は江戸川区の旧家島村一族でもともと保守。大内区長が抜擢した助役時代の甲斐性ぶりはお役人の仮面だったのでしょうか。この選挙では、手のひらを返したように革新区政攻撃の先兵を買って出たのでした。

「明るい清潔な革新区政をすすめる会」は、学者・知識人、女性を中心とした多くの市民、労組をはじめとする広範な団体の結束した力で、この攻撃を打ち破り1万5千票の大差で勝利しました。青山区長が進めた教育委員準公選や憲法擁護・非核都市中野区宣言、きめ細やかな福祉施策等の実績は区民の支持を不動のものとしたのでした。

自民・中道連合はこれで3連敗です。投票結果は以下の通りでした。

青山良道氏（革新統一）　7万5503票

島村平治氏（自民・中道連合）　６万０３３５票

２　国際障害者年の取り組み

大内区長を引き継いだ青山区長は、住区協議会と地域センター構想の最終仕上げに取り組み、また、前章で紹介したように、憲法・非核問題に果敢に取り組むとともに、障害者・高齢者福祉などの面でも先進的な取り組みを積み重ねていきました。

１９７６年（昭和51）の国連第31回総会特別決議は、世界各国に国際障害者年（１９８１年・昭和56）の行動計画を呼びかけました。中野区も早速、他区に先駆けて以下のような標語を定めたのです。

「障害のある人ない人みな区民　ともに歩もう中野のまちを」

とても心温まる、それでいて差別を許さないという強い決意に裏打ちされた素晴らしい標語だと思います。私も発表された当時の強烈な印象を忘れられません。

何よりも障害者とその家族の皆さんの喜びの声をたくさん耳にしました。この標語を契機に、中野の一等地である駅前と中野区役所の周りは、障害者と家族の皆さんが大勢行き交うようになりました。

3　「中野区障害者福祉協議会」の発足

「障害者に関する中野区行動計画の策定」を答申

青山区長は１９８１年（昭和56）、国際障害者年の行動計画のさらなる具体化を目指し、多くの学者・専門家、障害当事者、区民からなる中野区障害者福祉協議会を発足させました。

この協議会は、一番ケ瀬康子氏（日本女子大学教授）を会長に、田畑光美氏（日本女子大学教授）、園田恭一氏（東京大学教授）、寺脇隆夫氏（長野大学教授）、野村歓氏（日本大学教授）という錚々たる顔ぶれに、中野区福祉団体連合会参加の全障害者団体の代表も加わり、これに共栄学園短期大学の新進気鋭の研究者３名の専門委員からなっていました。

この協議会から、「障害者の福祉に関し、中野区が今後概ね10年間に行うべき具体的な施策について」が答申されました。１００ページにも上るその答申は東京23区はもちろん、全国の自治体の障害者施策のモデルともなった重要なものです。これだけで優に1冊の本になるような大部のものです。ここでは障害者福祉の基本理念部分と主な項目、特に福祉オンブズマン制度について紹介します。

この答申の冒頭、1、障害者福祉の基本理念で、

（1）障害者の社会的性格として、「障害者福祉の理念を考えるとき、まず障害者が社会的条件によって規定されていることを理解することが重要である。障害者が生活上様々な困難に直面することについ

ては、一般によく理解されているところである。しかし、その困難が何によってもたらされているものかということになると、市民の間にいまだ十分な理解は形成されていない。一般的には、身体的特性によってもたらされた障害状態は、基本的には個人の問題であると理解されている。しかし、障害者が直面する困難は、このような個人的な問題でなく、より社会的な性格を強くもつものである」「すなわち障害者福祉対策の未整備や立ち遅れが、身体機能上並びに社会生活上の困難を大きいものとし、さらに市民の障害者理解の不十分さが、その困難をより大きなものとしている」

（２）社会への完全参加として、「障害者福祉の第２の理念は、障害者が市民社会の一員として、あらゆる場面の社会生活に参加し、生涯を通して生き生きと暮らせるようにするということである。この理念の実現のためには、障害者の社会参加を妨げている障壁の除去と、障害の軽減・克服への社会的援助がとりわけ重要となる」

（３）自立生活の実現として、「障害者福祉の第３の理念は、障害者が可能な限り自らのくらしと人生の主人公として、自ら人生設計をし、自立した生活を営むことが出来るようにすることである。これまでややもすると、障害者は保護され、援護される者としてのみとらえられて、家庭生活や地域生活においても従属的位置におかれがちであった。しかし障害者福祉の目標は、障害者自身の自立を実現することにおかれるべきである」

（４）協同の関係として、「障害者福祉の第４の理念は区政並びに市民が、障害者の暮らしを豊かにし、ひいては『ともにつくる人間のまち中野』を実現するために、共同の関係を作り上げることをめざすということである」

以上の基本理念にたって、障害者施策の立案の考え方として①区行政の役割、②行政施策の総合的実施、③ライフサイクルへの対応と対策の一貫性、④ニーズに対応したサービスの提供、⑤地域生活に密着したサービスの提供、⑥行政の責務を提示していますが、ここでは⑥の行政の責務とした一節が特に重要ですので、以下、引用しておきます。

「障害者福祉を進める区行政の展開においては、単に福祉部局ばかりでなく、区役所の全部局での障害者問題への正しい理解や積極的な行政努力が求められている。ややもすれば障害者の福祉対策を進める責任は福祉部局の専管と考えられがちであるが、今後は全部局が当該の行政事務の中で、障害者の福祉にかかわる施策をより積極的に進めるべきである」

中野区企画部広報課編『区政に関する答申集　昭和48年度～59年度』中野区、１９８５年より（詳しくは資料６「障害者福祉協議会答申」参照）

この理念に基づき、詳細な福祉サービスのメニューが提示されました。

４　全国初の福祉オンブズマン制度を提言

その中で、もっとも注目されたのが標記の福祉オンブズマン制度の提言です。この提言では、「本協議会が新たに区行政から独立して救済措置を行う第三者機関として、障害者福祉オンブズマン制度の創設を提言する」とした上で、以下の3点を提起しています。

（1）障害者福祉オンブズマン制度創設の目的と任務として、「この障害者福祉オンブズマン制度は障害者福祉にかかわる個別の救済措置が必要な苦情や問題につき、関係者の申し出で、通告もしくは推進委員の独自の判断に基づき、その迅速で的確な解決のための調査を行い、区行政当局はじめ関係行政機関や関係者に対し、必要な助言・勧告を行うことを任務とする」

（2）障害者福祉オンブズマン制度の構成と運用として、「オンブズマンは障害者福祉の推進と人権保障という理念にふさわしい専門的識見をもつ若干名で構成し、合議制で意思決定を行う。なお、委員会はその活動を常時円滑に行うため、その活動を補佐するスタッフとして、専門調査委員を設置し、苦情受付の窓口とするとともに、調査活動などに携わる」

中野区が作成した当時のポスター
出所：一番ヶ瀬康子、大森彌、田端光美編著『中野区・福祉都市への挑戦　21世紀にむけての地域型福祉サービス』あけび書房、1993年

（３）設置及び委員選任の手続きとして「障害者福祉オンブズマン制度の設置にあたっては、設置条例により、形式的には地方自治法上の付属機関とすることが望ましい」としました。

青山区長は、この提言に基づく福祉サービス苦情調整委員制度の発足を見ることなく急逝されました。実現したのは神山区長２期目の１９９０年（平成２）の10月１日でした。

多くのマスコミで取り上げられて、全国の地方議会や自治体職員の視察は後を絶ちませんでした。

5　青山区長の急逝

青山区長は、2期目の選挙が終わった翌年頃から、体調の優れない日が続いていました。

原因は胃がんでした。手術が成功し、一旦は、職務に復帰しましたが、進行を食い止めることはできずに、１９８６年（昭和61）４月23日に亡くなられました。

中野区葬が中野体育館で行われ、２千人もの区民が別れを惜しんだのです。とりわけ、大勢の障害者の方の参列が印象的でした。

青山さんは、書家としても活躍されていましたが、私が頂いた色紙には〝忍〟と揮毫されていました。「小澤君、我慢、我慢」と諭されていたことは、私のその後の人生にも生きています。

障害者福祉への歩み

障害者福祉協議会の設置

日本女子大学名誉教授
田端　光美

中野区基本構想が区議会で可決後しばらくして、故青山良道前区長から基本構想を具体的に実現するためにと相談された内容は、福祉の分野のまとめ役をつとめた私にとって、想像以上のことであった。それはまず、障害者問題に取り組みたい、そのために障害者福祉協議会を設置したいという、区長の考えであった。

すでに高齢化が社会問題の焦点になりつつあった当時、まず障害者問題をという青山前区長の考えには、高齢者問題は社会的な運動としても展開され始め、行政としても絶対に対応を迫られる課題である、しかし、障害者は社会全体のなかで数としては少数派、それだけに行政が取り組まなければならないというのが一つの理由であった。また、障害者にとって住みよい社会は必ず高齢者や子どもにも住みよいはずである、という理由で障害者に必要な社会サービスの検討を始めたいという意向が示されたのである。

こうして、区市町村レベルではどこにもなかった中野区障害者福祉協議会が、一九八一（昭和56）年一一月、国際障害者年の開幕に先駆けて設置されることになった。さらに、この協議会が注目されることは、委員の三分の一が障害者自身や障害者の家族であったことである。会長に就任を要請された一番ケ瀬康子日本女子大学教授は、就任を承諾するにあたって、障害者問題はまず当事者自身とともに議論することの重要性を強調され、二五名の委員のうち、八名は各障害者団体を代表する区民、さらに、保健・医療、建築、雇用、リハビリテーションの専門家などに加えて、事業所や障害者を担当する職業安定所職員という、幅広い専門分野の委員で構成された。

障害者問題についての理解は少なくないと自負する委員たちも、それからの協議会では実際に障害者たちから学ぶことが多いというのがあらためて実感になった。会議一つをとっても、回を重ねて相互に知り合うまでは、今、誰が発言しているのか、視覚障害者や聴覚障害者には手話通訳者がいてもなお、簡単にはわからない。そこで、各委員は発言を求める時には〝ハイ〟と声をだして手をあげ、名前をいって発言することにしたが、その約束はしばしば忘れられた。それでも回を重ねていつかその必要性もなくなった。

一番ヶ瀬康子、大森彌、田端光美編著『中野区・福祉都市への挑戦　21世紀にむけての地域型福祉サービス』あけび書房、１９９３年より

第9章　予想を逆転、神山好市氏第3代革新区長に

1　86年（昭和61）、90年（平成2）区長選挙の様相

青山区長の急逝を受けた区長選挙は、１９８６年（昭和61）６月に行われました。「明るい清潔な革新中野区政をすすめる会」は、共産党、社会党などの区議会会派と一緒に次期候補者探しに奔走します。

時間がなく、擁立を急がなければならない中、青山区長のもとで助役を務めていた神山好市さんに立候補を要請、快諾を頂きました。

一方、自・公・民・新自ク連合は、元労働省労働局長の宮川ともお氏を擁立しました。高級官僚上がりの大物候補者が売りでした。宮川陣営の区議らは選挙後に、「片や革新陣営の神山氏は区の助役で、そのキャリアからして、また政党の組合わせ、基礎票などからしても勝負にならないだろうと、高を括っていた」と漏らしていました。

しかし、「明るい清潔な革新中野区政をすすめる会」は、ここでも区内在住の学者・知識人・書家・漫画家・陶芸家・俳優・落語家・放送人などなど、全国的にも著名な１００名を超える推薦人を擁し、〝中

1986 年 6 月 16 日　神山好市区長の初登庁式／中野区提供

央直結、冷たい官僚政治は御免だ〟、と必死に戦いました。

結果は以下の通りです。

神山好市氏　（革新統一）　５万３５８４票
宮川ともお氏（自民・中道連合）５万１３０９票

わずかに２２００票差でしたが、この時も、革新陣営は見事に激戦を制したのです。

ちなみに、その４年後に行われた１９９０年（平成２）６月の神山さんの２度目の選挙でも、対決の構図は全く同じでした。反革新陣営は元高級官僚の宮川ともお氏を再び擁立しましたが、これから述べるように、大内・青山区長の区民本位の区政、教育委員候補選び区民投票、区民福祉重視などを着実に引き継いだ神山区政への信頼はさらに深まり、以下のように１万７１５３票の大差で圧勝しました。

保守陣営はどうやっても勝てないのです。

神山好市氏　（革新統一）　５万８５５７票
宮川ともお氏（自民、中道連合）　４万１４０４票

神山区政の1期目、2期目は、大内・青山区政を誠実に引き継ぎ、数多くの実績を積み上げました。以下、簡単に振り返っておきます。

２　神山区長による、青山区政の継承

非核都市外交と平和行政の積極的展開

その中でも特に、青山区長が切り開いた非核都市外交をさらに発展させました。当選した神山区長は翌年の１９８７年（昭和62）には、ドイツのドレスデン、マグデブルグ両市と非核の共同声明を発表。同じ年の12月には、ニュージーランドのウェリントン市と「世界平和に向けた共同宣言」を発表。１９９０年（平成2）にはイギリスのグラスゴーで行われた第5回非核自治体国際会議に、超党派の区議会代表を引き連れて参加しています。

一方、前章で詳述したように全国初の「平和行政条例」を制定。平和の森公園には、広島市から寄贈

された被曝庁舎の御影石に彫刻された「憲法擁護、非核都市中野区宣言」の碑が建立されました。

特筆すべき障害者などの福祉施策

青山区長がやり残した福祉施策では、障害者問題について、特筆すべき実績がありました。とりわけ福祉オンブズマン制度の発足は、前章でもふれたように全国から注目され、自治体関係者の視察はひっきりなしでした。知的障害者の生活寮である「大和荘」、「やよい荘」の新設。これは、後に国の施策として実施されるようになるグループホームの先駆けとなりました。障害者の緊急一時保護の実施、同じく障害者の防災対策・行動マニュアルの作成、また高齢者福祉の面でも入院見舞金共済制度や白内障手術眼内レンズ費用助成制度が実現しました。

住宅に困窮する一般区民に対しても、区民住宅の建設など、新たな住宅政策が展開されました。

２回にわたる教育委員候補者選び区民投票の実施

神山区長は、教育委員候補者選び区民投票でも、青山区長と区民への公約通り、様々な妨害を跳ね除け、果敢にこれを実施しました。

第３回と第４回が神山区長のもとでの区民投票です。ちなみに、４回行われた区民投票への参加者、参加率（投票率）は以下の通りです。

第1回　1981年（昭和56）2月　10万7489人　42・99％
第2回　1985年（昭和60）2月　6万9473人　27・3％
第3回　1989年（平成元）2月　6万4572人　25・6％
第4回　1993年（平成5）2月　5万9644人　23・38％

次章で詳しく述べますが、第2回区民投票以降、文部省や自民党本部の圧力は一層激しくなり、自民党が脱落しました。その影響もあって、準公選推進勢力の公明党、民社党などの会派が区民投票の在り方について様々な質問を議会で行うようになります。例えば、「投票が過熱しているのではないか」、「文化選挙が守られていないのではないか」等です。そのたびに、神山区長は教育委員選任問題担当に問題点の検討を委ね、仕組みの改善等が行われました。その1つが、5千票打ち切り方式です。5千票を超えた人は、それ以上の票はカウントせずに、名前だけを公表する。5千票未満の人は獲得票数も公表するなどです。

「競争の過熱化」を疑問視する議会勢力への配慮だったのですが、仕組みが少しずつ分かりづらいものになり、かえってそれが墓穴を掘る結果に繋がったのかもしれません。しかし、そこまでは神山区長は、毅然とした態度を崩しませんでした。

第3部　革新区政はなぜ終焉したか

第10章　教育委員候補者選び区民投票に終止符

1　準公選に対する常軌を逸する自民党本部、文部省の攻撃

第1回目のときからそうでしたが、特に2回目以降の区民投票への文部省からの徹底的な圧力、自民党本部からの激しい妨害は常軌を逸するものがありました。とりわけ自民党本部は、国民運動本部の大型宣伝カーで乗りつけて、本部長である中山正輝衆議院議員（当時）を先頭に、中野駅から区内全域にわたって準公選を潰せの大宣伝を繰り広げたのです。右翼の街宣カーでの大音響の妨害も酷いものでした。

第4回目の区民投票のときには、区民投票をボイコットしよう、投票はがきを破り捨てようなどと呼びかけるチラシを新聞折込で全世帯に配布し、挙句に、区民投票本部が発行する投票はがきに似せたデザインの〝偽はがき〟を作り、「候補者記入欄に名前を書く必要はありません」「投票はがきは破棄してかまいません」と書き入れるなど、公選法の適用外の投票方式を悪用した言語道断の妨害行動を繰り返したのです。手段を選ばぬこうした悪辣な妨害に、区民は不安を掻き立てられていったのです。

しかし、これらの妨害行動に毅然と立ち向かったのは、立候補者を中心にした陣営と「教育委員の区

民投票を成功させる区民の会」に結集する多くの区民の活動でした。神山区長もひるまず、その下での職員の結束した仕事ぶりも見事でした。

これだけの妨害がありながら、第4回区民投票は23・8%、約6万人の区民が投票に参加したのです。

2　自民党、民社党が準公選から脱落、公明党の動揺

しかし、この激しい攻撃の中で2回目の区民投票から自民党が、3回目からは民社党が脱落し、それにつれて公明党も動揺を深めていきます。

その言い分が振るっています。「政党がこれを利用している」とするものです。例えば、2回目以降の区民投票の結果を受けて教育委員に任命された特定の委員を、わざわざ区議会の予算特別委員会に呼び出して、「『君が代』についてどう考えるか」、「卒業

1993年2月8日　第4回教育委員準公選、元教育委員が参加の訴え

式で歌ったか、歌わなかったか」など思想、信条にまで踏み込む、まるでキリシタンの踏み絵のごとき様相でした。日の丸・君が代に必ずしも肯定的な答弁がなされなかった教育委員について、「どこかの政党に所属しているのでは」と語気を強め、さらに「この制度を一部の政党が勢力拡大に利用しているのでは」とか、「候補者のバックには政党がついているのではないか」など、勝手な推量と独断で、激しい攻撃を行うようになったのです。

加えて、「投票率が低い」「文化選挙がおろそかになっている」というのが攻撃の中心となったのです。投票率に関して言えば、投票ボイコットまで呼びかける自民党には、それを論ずる資格はないのですが、公明党・民社党は、自民党のこのような滅茶苦茶な妨害行為は糺さずに、「投票率が低いのはこの制度がもはや機能しなくなっているからだ」などと、的外れの批判に終始しました。

このことは、一緒に制度を作ってきた議会としての責任もどこかにいってしまい、自民党本部の反対運動と文部省の妨害行為に動揺した自らの姿を覆い隠すための一時の便法に過ぎませんでした。

3　自民党、民社党の「準公選条例を廃止する条例」の共同提案

第４回目の区民投票が行われた１９９３年（平成５）。中野区議会第４回定例会は、この年の11月11日から12月９日までの会期29日間で開かれました

準公選条例を廃止する条例案が準備されているという情報が、私たちの耳に入ってきたのは、この定

例会の直前でした。

ことが重要ですので、『教育自治と住民参加』（中野区編著、エイデル研究所）に基づきながら、以下、準公選が廃止される経過を少し詳しく述べておきます。

会期末間近の11月30日になって、予想通り自民党と民社党の共同提案で廃止条例案が持ち出されました。会期末ぎりぎりの中での議案の上程そのものに無理があると、私たちは激しく抗議しました。事態の緊急性に気づいた区民が、押すな押すなと連日駆けつける中、最終日の9日、共産党、社会党区議団を中心に「区民投票条例の存続に関する区民投票条例（案）」を提案し、併せてこれらを審議する特別委員会の設置を求めました。そのために議会運営員会は混乱し、折り合いが付きませんでした。

4　準公選を守るための壮絶な区民の闘い

この間、議会の外では500人を超える区民の人たちが準公選を守れの〝人間の鎖〟で区庁舎を取り囲んでいました。

夜中の12時近く、自民党の当時の桜井英章議長が、会期を延長するため本会議場に向かおうとするも、廊下や階段を埋め尽くした区民の壁を突破できず、とうとう議会は流会となり、9日の本会議での即決を狙っていた自民・民社の思惑は取りあえず挫かれました。

流会になってから、議会会派控室前の廊下を埋め尽くした傍聴の人々は、これから何を、どうすれば

1993年12月9日の深夜　準公選廃止条例審査の傍聴に駆け付けた区民の人々

いいのかと共産党、社会党議員に迫りました。

議会報告をしていた私は、急遽その場で「準公選守れの請願、陳情を中野区民だけでなく全都、全国に訴え、圧倒的な数で議会を埋め尽くしてほしい」と懇願しました。

中野区議会では、委員会に付託された請願、陳情は1件毎に委員会で朗読される慣わしになっていたので、陳情・請願が多いほど、それだけでも延々何時間と時間を要し、廃止反対の運動を、その間にさらに広げることに繋げたいという思いからでした。

これを受けて、準公選守れの請願・陳情は年明けの区議会臨時会までに、なんと４００件を超えたのです。一人一人が、主権者として意思表示するかつて例を見ない陳情運動でした。

また、事態を知った学者、知識人、弁護士などそれぞれの立場から、準公選を守れの声明や連帯署名運動が巻き起こりました。中でも小林文人東京学芸

1994年1月25日　準公選廃止条例の不当性を糾す。筆者と左は江田議員（当時）

大学教授、三上昭彦明治大学助教授らが呼びかけた「東京・中野区の教育委員『準公選』廃止に反対する学者・研究者の緊急声明」には、全国の教育学、法学、憲法学などの学者・研究者１０３４人が賛同し、発表され大きな反響を呼びました。

議会では、正月も抜きにして延々と折衝が続けられ、年が明けて、以下の合意のもと、臨時議会を開くことになりました。

（1）中野区教育委員候補者選定に関する区民投票条例を廃止する条例。
（2）中野区教委員候補者選定に関する区民投票条例の存続に関する区民投票条例。
（3）請願・陳情計４０４件を審議する。
（4）臨時議会は1月17日から会期7日間とする。

こうして始まった臨時区議会本会議は、合意した案件についてこれを総務委員会に付託し、連日傍聴者があふれる中、委員会審議が進められました。

5　廃止条例の可決、神山区長「再議」権を行使せず

委員会は、参考人の意見聴取、（会議を休憩して）請願・陳情人からの意見聴取など1週間以上にわたり審議が続けられました。審議の結果、廃止条例は、委員会では可否同数、委員長（自民党）採決で可決され、本会議では、自民党、公明党、民社党が廃止条例に賛成（25票）、共産党、社会党、清風クラブが反対（19票）で可決され、同時に付託されていたほかの案件と、請願陳情は見なし不採択（前議案の採決結果が優先）となりました。議会での多数派が逆転したため、全国でも初めての区民参加の偉大な試みがここで閉ざされたのです。

この間、私たち与党と区民の人々は、再三神山区長と会い、廃止条例が可決された場合の「再議」について話し合いました。しかし、区長は応じませんでした。

自民党等の多数で可決されることを見込んでいて、むしろ、その後の対策を考えていたのです。その時の区長コメントは、「自治体の長として、行政の執行者として（議会の議決を）厳粛に受け止める」として、多数の横暴に対する一言の批判もなかったことは、多くの区民の失望につながっていきました。

6　94年（平成6）区長選挙、自・公・民対立候補立てず

選挙では勝ち目がなかった自民・公明・民社の各派は、1月の臨時議会で教育委員選び区民投票条例を廃止させたことで、自分たちの喉元に刺さっていた棘が抜けました。これで、いつでも神山区長に乗れると判断します。すなわち相乗りです。

神山区長3期目の選挙では、彼らは対立候補を立てませんでした。この辺りから野党の議会質問は、まるで与党のごとく、対決姿勢も、区政批判もなくなっていくのです。教育委員候補者選び区民投票制度に代わる区民参加の新たな仕組みも示されましたが、区民の信頼はがた落ちで、区政への関心も、潮が引くように冷めていきました。

「明るい清潔な革新中野区政をすすめる会」も、自然解散のごとく霧消していきました。

神山さんのもとでの革新の旗は、再び翻ることはありませんでした。

この項の最後に、私自身の自戒も込めて神山さんのことを少し触れておきます。最初に担ぎ出した選挙の時、私たちは神山さんを区民にどのようにアピールするか苦労しました。中野区助役という肩書きだけではインパクトが弱いのです。しかし、彼は学生時代、アマチュアボクシングのライト級の学生チャンピオンに輝いた経歴を持っていました。「良し！　これを前面に出そう」と、ファイティングポーズを取った写真をお借りして、これをパンフレットの表紙に飾りました。反響が意外に大きくてびっく

りしたことを今も覚えています。このような言葉はあまり使うべきではないのですが、彼は、いわゆる〝体育会系〟でした。少し理屈っぽい革新系より、「まあー、まあー」（?）の保守系のほうが居心地が良かったのかもしれません。

しかし、大内さん、青山さんの後を引き継ぐと明言し、一時期しっかり頑張った神山さんを自・公・民陣営に追いやってしまったのは私たちにも一因があったのではないかという忸怩たる思いと、その責任の重さを、私は今もって拭い切れないでいます。

7　神山区長の4期目、実質的な「自・公・民区政へ」

「財政健全化」と館山健康学園の廃止

神山区長の4期目の選挙は、中野区体育協会や中野区医師会など保守色の強い団体が表に立ちます。しかし、実態は自・公・民推薦の候補者となるのです。自らの政治姿勢の後退を神山区長がどのように考えたか知る由もありませんが、苦渋とともに、権力の座への執念が勝ったのかもしれません。

3期目の後半頃から、マスコミ等では地方自治体の財政難を大々的に報じていました。世論も色濃くその影響を受け、全国の多くの自治体も「財政健全化計画」などを次々と策定していきます。

中野区も例外ではなく、1998年（平成10）12月に「財政健全化推進プラン」を発表します。この推進プランで、区民サービス切り捨てが始まるのです。

手始めに行ったのは、なんと、青山区長のもとで千葉県館山市に設置されていた館山健康学園の廃止でした。この学園は喘息や肥満、発達障害などの児童が健康回復に取り組む絶好の場所でした。都心の中野区でも、大気汚染による喘息、食生活の不備、いじめなどで不登校になる子どもたちが少くなかったのです。

この学園で健康を回復した経験を持つＯＢたちが、在園の児童・保護者と手を携えて、廃止反対の大きな運動を起こしました。区議会陳情、区民に呼びかけた現地見学会、在籍する児童の学校への働きかけなど熱心に展開されました。しかし、神山区長は首を縦に振らなかったのです。

２０００年（平成12）３月31日をもって、この学園は閉鎖されました。子どもたちも、保護者もどん

1999年7月　館山健康学園の存続を教育委員に訴える学園の子どもたち

なに気落ちしたことでしょうか。私も何回も学園に足を運び、子どもたちと交流していただけに、悔しい思いでいっぱいでした。

小・中学校給食民営化へ

次に切り捨ての対象となったのは、自校直営調理方式で全国からも関心の高かった中野区の学校給食です。この事業に対し、議会の一部では「給食がない夏・冬休みは調理職員は何をしているのか、給食が終われば午後は仕事はないのではないか」、「遊んでいる者に給料を払うとはとんでもない」など、意地汚い質問を繰り返し行っていました。

神山区長は反論するどころか、それを肯定し、計画通り民間委託へと突き進むのです。

また、若者たちの居場所だった青年館の廃止、大内区長の時、無料化を進めた区民集会施設も有料に戻す、学童クラブおやつ代も有料化するなど若者や区民サービス切り捨てが自・公・民などを後ろ盾に容赦なく進められたのです。

私たちはこれに反対する論戦と、区民に依拠した闘いを繰り広げましたが及びませんでした。革新区政の大切な成果を切り崩す神山区長の退陣を厳しく求めざるを得なかったのです。

第11章　田中区長の誕生と〝市民派〟の欺瞞

1　02年（平成14）6月の区長選挙の様相

区民の支持を失った神山氏は、ついに退陣を余儀なくされ、5期目の立候補はありませんでした。

2002年（平成14）6月の区長選挙を前にして、市民の側では革新区政の再建を目指し、再び区長候補者選びが始まります。「区長候補者を推薦する区民の会」は、まず区長候補者に望まれる政治家像、区民サイドの区政政策の基本をまとめ、さらに、憲法問題の基本認識をただすことを確認し、これに基づいて立候補の意思のある人、自薦、他薦の人々と面接を重ねました。出ていただきたいと思う人ほど、立候補を固辞される中で、候補者選びは難航しました。

最終的には、この推薦運動が始まるかなり前から、立候補の準備を進めていた元社会党都議会議員の高山真三さんを推薦することに決まりました。非常に厳しい決断だったと思います。このことに賛成できないとする少なくない区民がこの会から離れていきました。

この時の区長選挙の構図は、以下のようなものでした。

共産党、社会党、民主的諸団体が高山真三氏支持。

民主党（当時）、生活者ネット、不特定の市民団体、個人が田中大輔氏支持。

自民党は四分五裂でまとまらず、公明党は神山氏の後継ぎとして立候補した元助役の池田学氏を支持。

乱立状況となりましたが、選挙の結果は以下の通りでした。

田中大輔氏（元区職員）　２万１９８６票
高山真三氏（元都議）　２万１４５７票
しの国昭氏（自民区議）　２万０５１５票
池田　学氏（区助役）　１万４７８３票

わずか５００票差で田中氏が当選しました。田中氏は、元中野区の職員で、その売りは〝１００％市民派〟でした。

私たちは、この市民派宣言は選挙向けだけで、少し臭いぞと見ていましたが、区長に当選するや、市民派とはまるで違った〝顔〟を現しました。

2　田中区長の誕生と、区政運営の問題点

区政に市場競争原理を持ち込む

田中区長は、区議会本会議での就任演説で、いきなり区政に市場原理を導入すると宣言したのです。「持続可能な経済と行政運営、そのための効率的、効果的区政運営」を行うとしたこの演説は、新自由主義に基づいて経済政策を進める中央政府の地方自治体市場化に追随するものでした。そして、その手始めに行ったのは、退職者不補充による職員の徹底した削減であり、その分を民間に委託し、公的サービスをどんどん削っていこうとするものでした。

また、官＝悪、民＝自由、という短絡的な発想で「官による管理と規制の撤廃」ということも主張しました。この主張も、中央政府が進める規制緩和に悪乗りして民間委託を合理化しようとする便法でした。ここで彼が述べた民とは、区民一般でなく、利潤追求を最大使命とする民間大企業を指しています。後に述べるように、それはデベロッパー中心の中野駅周辺の大規模再開発へと繋がっていきます。

「自助・共助・公助」が、基本構想の土台に

次に、田中区長のもとで2005年（平成17）3月に策定された、中野区基本構想の問題点を見てみましょう。ここでは至る所で自助・共助・公助の言葉が使われ、肝心の公的責任は、一番後回しになる

のです。

これは当時「自己責任」が国から叫ばれ、自分のことは自分で責任を持てと宣伝され、少なくない人々がこれに雷同する傾向にありました。この自助・共助・公助という言葉こそ地方自治体としての公的責任を小さくする新自由主義的政策に取り込んでいく罠だったのです。

敢えて言うまでもなく、近代社会の統治原理は、自分で自分の身を守ることは当然としても、しかし、個人では不可能なこと（例えば地震や台風などの被害、病気や貧困、社会保障などなど）について、私たちは税金を払って公的機関（国家行政、地方行政など）を設立し、そこに授権し、自分に代わって公的な責任を果たさせる、ということを基本原則としています。公的責任の所以はここにあるのです。

区という行政権力がその責任を曖昧にして、区民に対し〝自助〟の説教をすることは許されないのです。

住区協議会の解体と町内会依存の官製型自治へ

田中区長は、自らが音頭を取って、2003年（平成15）3月に「中野区自治基本条例」を定めています。この条例の第三条・区民の権利及び義務では、「区民は、区の政策の企画立案、検討、実施、評価及び見直しのすべての過程に参加する権利を有する」としています。

これらの権利行使と参加のための具体的な仕組みは、実は大内区長のもとで発案され、その後青山、神山区長へと引き継がれた住区協議会と地域センター構想だったのです。

田中区長は、この構想を解体したのです。住民自治、住民参加のもっとも罪深い後退で、自ら決めた自治基本条例にもふさわしくありません。代わって町内会がその仕組みの代替えになっていくのです。私は、町内会否定論者ではありません。否、住んでいる町会の民主的再建や、現にその町会の相談役も仰せつかっています。コミュニティーが希薄になっている都市部では、この組織の民主的運営と役割は大切だと考えています。

しかし、住民自治の原理は、自立した個人の権利の行使とその仕組みをどう作るかにあります。町内会がそれに取って代わることはできないのです。

区長の多選禁止を反故に

自治基本条例との関係で田中区長が行った次の問題は、自らが選挙公約の中心とし、またこの基本条例にもうたっていた区長の多選禁止条項を反故にしたことです。

「3期12年を超えてはならない」と明記しながら、3期目が終わる間際になってこの条例を、4期でも5期でもできるように改変してしまったのです。もともと首長の任期を、自治体の条例で定めること自体無理な話ではあるものの、自らへの縛りを都合が悪くなったからひっくり返すなど、あきれて物も言えないとは、このことを指すのではないでしょうか。

トップダウンの区政運営

ことほど左様な区長の政治節操ですから、次に見るように自治基本条例とは真逆な区政運営が行われ、区民からも、職員からも反発が強まります。

最初に引用したように、この条例では、企画立案段階から区政に参画する区民の権利を定めながら、実際に行ってきたことは区民の意思の無視、良心的な職員の意見を無視したトップダウンの区政運営でした。平和の森公園再整備計画にせよ、図書館の統廃合計画や、保育園、幼稚園の完全民営化計画等でも、パブリックコメントで寄せられた区民の声は圧倒的にＮＯでした。しかし、田中区長は、この声を一顧だにせず、これらの計画をしゃにむに推し進めようとしたため、区民は怒ったのです。

「区民参加は名ばかりだ」、「アリバイ作りに利用されただけだ」、と区民の怒りは収まりませんでした。

区民合意を台無しにした平和の森公園〝再〟整備計画

そのもっとも悪しき象徴とも言える問題が、平和の森公園再整備計画でした。これまでにも取り上げてきましたが、〝中野刑務所を移して緑の広場と避難場所〟は当時の37万中野区民の悲願でした。そして区民、議会、行政、専門家等により、時間をかけて作り上げた跡地利用構想が「緑と広場の防災公園」でした。

この公園の名称が〝平和の森公園〟となったのは、中野刑務所（戦前は豊多摩刑務所）が、戦前・戦中国家による戦争遂行のため、「治安維持法」という悪法で、戦争に反対する多くの人々をこの獄につな

2015 年 11 月 1 日　平和の森公園再整備計画の見直しを求める区民運動

ぎ、そのためにたくさんの人がここで命を落としました。このような時代の背景を持つ刑務所跡地に思いを馳せて、平和の大切さを想起し、再び繰り返させてはならないとの思いが、この公園の名称に込められたのです。

それ以来35年以上が経過し、樹木も見事に生い茂り、立派な防災樹林帯が出来上がっていました。草地広場として整備された所は、乳幼児と母親、保育園児たちの賑やかな声が飛び交い、高齢者も、誰でも自由に、気楽に憩える場として大勢の区民から親しまれてきました。

田中区長による再整備計画では、草地広場には300メートルトラックと、100メートルの直線コースを整備する。少年野球場を拡張し、大人も使える野球場にするとして周辺の樹木を大量に伐採する。草地広場の拡張予定地であった所には中野体育館の建て替えをする。挙句に、バーベーキュー広場も整備するというものです。

伐採予定樹木は、高・中・低木あわせて1万3千本にも上るという滅茶苦茶な計画でした。パブリックコメントに寄せられた区民意見の98％は、樹木を切るな！　トラックもバーベキュー広場も要らない！　草地広場を守れ！　というものでした。

しかし区長は区民の声に耳を貸そうとせず、この計画を強行しました。公園利用者や近隣住民は、この計画撤回のために大掛かりな市民運動を立ち上げ、闘いを始めました。

区長選を前に、怒りは頂点に達していました。区政転換のチャンスが巡ってきたのです。

そして、２０１８年（平成30）６月に行われた区長選挙で遂に区民は、現職の田中区長を打ち破って、新しい区長を誕生させたのです。

第4部　参加の区政への新たな挑戦

第12章　酒井区長の誕生

1　18年（平成30）区長選挙の様相―市民と野党の共闘―

田中区長に対抗する区民の陣営は、これまで1つにまとまらず、苦戦を続けてきました。しかし、この年の区長選挙では、〝安保法制の廃止を目指す中野アピール実行委員会〟に結集する市民、衆議院東京7区で生まれた〝野党と市民の共闘〟を作った人々、児童館、図書館などの統廃合に反対する市民グループ、〝緑とひろばの平和の森公園を守る会〟の人々、そして政党が共に力を合わせて、候補者の一本化を目指して取り組みました。

この集まりは、その後、「区民の声を聴く中野区政を実現する会」（以下「区民の声・中野」）の結成へと発展し、区長選を闘う共闘組織（政党は立憲民主党・共産党・生活者ネット。及び無所属区議）となります。

この会とは別に、早くから立候補の意思を持っていた元中野区職員の酒井直人氏と会との話し合いが進み、「区民の声・中野」と酒井氏は、政策協定を結び選挙態勢を確立しました。協定は次の通りです。

政策協定

中野区長選挙立候補予定者と区民の声を聴く中野区政を実現させる会（略称「区民の声・中野」）は下記の通り政策協定を締結する。

1、区政を担う基本

（1）基本構想と10か年計画の見直し。

（2）憲法と自治基本条例に基づく住民参加。

（3）「憲法擁護・非核都市中野区宣言」の推進。

2、田中区政を転換する基本的課題

（1）中野区基本構想と10か年計画を区民参加で全面的に検証し、見直します。

その際急いで検討すべきものとして

（イ）緑と樹木、貴重な広場を犠牲にする平和の森公園再整備、哲学堂公園再整備などの計画。

（ロ）1万人アリーナなど、巨大開発偏重の都市整備事業。

（ハ）公立幼稚園廃止・全公立保育園民営化、児童館など子育て施設の統廃合などの計画。

（2）形骸化した自治基本条例を再生させ、区民が主役の活力ある区政を取り戻します。

（3）区民の財産である公共施設の安易な売却計画。

（4）基金の使い道は区民参加で決めます。

3、新しい中野をめざす6つの基本政策

（１）区民が主役の中野の自治を豊かにします。
（２）安心できる子育て支援と個性を伸ばす教育の中野をめざします。
（３）命とくらしを守る福祉都市中野をめざします。
（４）住みたい・住みやすい・災害に強い中野・活力ある中野をめざします。
（５）平和で民主的な中野・人権と多様な価値観を認め合う自由な中野をめざします。
（６）中小商工業者・商店街の発展と活性化のための施策を推進します。

４、区長選政策づくりへの区民参加

区長候補者は、この６つの基本政策を基に多くの区民および、「区民の声・中野」と共同して現場へ足を運び、生の声を聴くフィールドワークを一緒に行い、政策詳細を練り上げます。

２０１８年３月22日

中野区長選立候補予定者　酒井直人
区民の声を聴く中野区政を実現させる会（略称「区民の声・中野」）共同代表
「中野区長選・市民の声」代表　松井奈穂
立憲民主党中野代表・都議会議員　西沢圭太
日本共産党中野地区委員長　亀井　清
中野・生活者ネットワーク代表　大橋美紀
区議会議員（無所属）　小宮山たかし

2018 年 3 月 22 日　酒井直人区長候補が政策協定に調印。前列左が酒井直人氏

2018 年 6 月 9 日　区長選挙にて「区民の声・中野」や、
支援する政党と議員とともに支持を訴える酒井直人候補

この政策協定を基に、６月に闘われた区長選挙の結果は以下の通りでした。

酒井直人氏　（区民の声・中野）　３万６７５８票
田中大輔氏　（現区長）　２万７８０１票
市川みのる氏（自民前区議）　１万２０６４票

候補者の一本化に成功した共闘の力は強く、また自民党が内部分裂したことなどもあって、並大抵のことでは勝てない、現職区長を打ち破りました。

２　酒井区長の１年半の歩みと今後の課題

政策協定、区政を担う３つの基本に沿って

区政を担う３つの基本と田中前区政を転換する基本的課題、及び６つの基本政策に基づき、まだ１年半しか経過していませんが酒井区政の歩みを振り返ってみましょう。

この項は、時期早尚ではの批判を覚悟の上で、また、あくまでも区長選の政策協定作りに関わった私個人の感想と、見解であることをあらかじめお断りしておきます。

第1の、「基本構想と10か年計画の見直し」はどうなっているのでしょうか。

第2の、「憲法と自治基本条例に基づく住民参加」はどうなっているのでしょうか。

第3の、「『憲法擁護・非核都市中野区宣言』の推進」はどうなっているのでしょうか。

まず第1の「基本構想と10か年計画の見直し」です。2018年（平成30）11月の第3回区議会定例会に、基本構想審議会設置条例を提案。区議会の議決を得て、審議会を始動させました。この審議会はつい最近、基本構想についての基本的な考え方を示し、いま現在区民からの意見を聴取している段階です。区議会の議案になるのはもう少し先になりますので、その評価はこの拙論には間に合いません。しかし、田中前区長のもとで盛んに主張されていた自助・共助・公助など、いわゆる新自由主義路線の中野版が清算されることを期待したいと思います。

2018年6月15日　酒井区長の初登庁

第2の「憲法と自治基本条例に基づく住民参加」については、酒井区長は就任早々から意欲的に進めています。各地で行われるタウンミーティングに出席し区民の声を聴き、意見を述べ、フィードバックもしっかり行っています。

ただ、職員の中には、田中区長時代のトップダウンの影響をぬぐい切れずに、区民への対応が十分でない傾向の体質も残念ながら残っています。例えば、学校建築を巡って、せっかく区民の意見を聴く場を設けながら、時間がないとか、それは無理とか、なぜそうなのか説明が不十分のまま話し合いを乱暴に閉ざしてしまう、といった事態もあります。新しい基本構想で、参加の区政が明確に打ち出されれば、こうした姿勢は十分克服されるものと考えます。

第3の「『憲法擁護・非核都市中野区宣言』の推進」はどうなっているでしょうか。

田中区政の下でも、この政策を変更させませんでしたが、事業のマンネリ化を感じます。その克服のために、この事業をいかに有意義、かつ魅力あるものにしていくかの検討が求められています。区民参加で幅広い区民各層や憲法を守ろうとする団体等との積極的な意見交換と、斬新な課題提起を期待しています。

政策協定、田中区政を転換する基本課題に沿って

次に政策協定の第2の柱、「田中区政を転換する基本的課題」についてはどうなっているでしょうか。

結論から言えば非常に困難を抱えていると言えます。この問題は、区議会の力関係が大きく左右します。

区長選の1年後に行われた区議会議員選挙で、酒井区長与党が善戦しました。しかし、自・公、そのほかの非酒井勢力は議席の過半数を制しています。

（イ）、平和の森公園再整備計画の見直し

公約のトップに掲げた、再整備計画の見直しについて、酒井区長は2019年（平成31）3月の第1回定例会で、第2期工事で予定された草地広場の300メートルトラック等の整備工事を中断して、広場を存続させるための議案を区議会に提案しました。しかし、この議案が非酒井勢力によって否決されました。酒井区長は率直に自分の力不足を区民にお詫びしています。この問題を巡って区民運動を活発に行い、区長選でも大きな力を示した区民の間からは、区長の対応に対して厳しい不満と批判が上がっています。

区長就任後、初めての試練を迎えているという状況ではないでしょうか。

（ロ）、中野駅を中心とした巨大開発計画の見直し

これについては、すでに都市計画決定がされ、一部で事業が先行していることもあり、根本的な見直しには至っていません。

この計画の見直しの最大の問題は、中野サンプラザの解体と1万人アリーナ計画をどうするかでしたが、以下にみるように、厚い壁が立ちはだかっています。

田中前区長による中野駅北口整備計画の基本コンセプトは、〝グローバル都市中野〟、〝東京西部都市圏の新たなシンボル〟となる景観形成を目指すとしていました。

中野駅北口の一等地は、大手不動産会社、デベロッパー、銀行資本にとって極めて大きな開発利益が見込まれる対象地域です。容積率の最大化、高度制限の撤廃等、前区長のもと次々と都市計画が変更され、際限のない規制緩和が進められていたのです。

酒井区長は、この問題を見直すため区民会議を再設置しました。その冒頭で区長は述べています。「1万人アリーナがこのまちにとってどうなのか、もっと幅広い議論を区民のみなさまがするほうが良いと感じておりました。また、中野サンプラザについても、様々な経緯があって再整備することになっておりますが、これについても区民の皆さんを交えた論議はほとんど行われてこなかったといってもよいでしょう」「この区民会議ですが、これまでは区が計画案や方針案を示した段階で、ご意見をうかがうために開催していたと聞いています。これから再スタートする区民会議につきましては、計画を作るところから参加していただきたいと思っております」

このように、公約に則った率直な問題提起をし、それを受けた区民会議も、積極的な委員の発言で全体的な見直し機運が高まってきました。ところが、再スタートした区民会議の4回目の会議が行われたところで、酒井区長に異変が起こります。

区長は記者会見で、突如として「サンプラザは解体します」、と発表。委員から失望と不信の声が巻き起こったのも当然です。

区民会議では、計画段階から意見を聞きたい、としていながら、その区民会議に諮ることもなくこうした発言が飛び出す背景には何があったのでしょうか。

推測を交えてですが、北口開発を強引に進めようとしてきた田中前区長のもとで、それを支えた区の主たる幹部職員の入れ替えは行われず、そのままこの部署に留まっていました。その職員たちが、巨大開発路線を後退させまいと必死に区民会議の委員の発言を制している様子が議事録に残されています。

酒井区長の公約は「一度立ち止まって見直す」でした。それを本気でやるのには中途半端な覚悟ではできないことを区長は承知していたはずです。こうした職員の発言がなぜ放置されてきたのでしょうか。

見直しを公約した区長に対し、大規模再開発路線の根本的見直しに踏み込ませなかった大きな要素は、背後で糸を引く大手不動産会社、デベロッパーなどの強大な力もあると考えられます。が、謎です。

この拙文を書いている最中に、酒井区長のもとで策定された「中野駅新北口駅前エリア再整備計画（案）」が発表され、パブリックコメントが求められています。

概観したところでは、1万人アリーナが7千人収容のイベント会場に変わったくらいで、田中区長時代の計画とほとんど同じような印象です。区民は、どう評価するのでしょうか。

まだまだ計画段階です。区民目線での見直しはこれからではないでしょうか。

（ハ）、公立幼稚園廃止・全公立保育園の民営化、児童館、図書館の統廃合問題

田中前区政が残したこの見直し課題では、酒井区長は相当頑張っていると言えます。

基本構想が最終的にどうなるかによりますが、児童館、保育園の民営化はストップしました。そのほか、見直し課題の（２）、（３）、（４）については、基本構想の成り行きを見て検証する必要があると考えます。

３　議会対応にみる酒井区政の困難

先に述べたように非酒井勢力は、区長が提案した「平和の森公園再整備計画見直しについて」（草地広場の存続、３００メートルトラック整備の中止など）を否決しました。このように一方で酒井区長に激しく対決し、他方で、予算案などの議案に賛成しつつ、区長にすり寄るなどあらゆる手段を使いながら、酒井区長と、それを支えようとする区民を揺さぶっています。

こうした中、自・公などに同調を求めるあまりに、そこに引きずり込まれていくことは絶対に避けなければなりません。

酒井区長の与党は少数ですが、この困難にひるんではなりません。自民党政治が長く続き、中央集権が強化され、地方自治の本旨が歪められている今日、かつてのような党派を横断した自由闊達な議論が難しくなっているのも現実です。それだけに、与党間の協力と連携をしっかり固めてほしいものです。

その点では、区長選の政策協定を結んだ政党、市民団体と、区長との相談と協議が粘り強く、胸襟を開いて行われることが何よりも肝心ではないでしょうか。

革新区政28年間の経験からは、そのことを痛感します。

4　区民とともに、そして求められる勇気と決断

困難な事態をどう切り開くか。そのためには、区民に情報を知らせ、どのように対処するか相談し合うことです。何も知らせないまま、独断で決めると当然のことですが、区民からの不信と批判を招きます。

政治においても平坦な道はなく、苦労の連続です。そのためにも区民の知恵を引き出し、区民本位の政策をどんどん打ち出し、『喜びも悲しみも幾年月』のように共に苦労し、共に喜びあう関係が深ければ、何も恐れることはないのです。

少し辛口の振り返りとなっていることをお許しください。しかし、酒井区長には、これらのことを肝に銘じ区民を信頼し、その期待に応えて欲しいと心から願っています。

終章　地方政治とは何か―

革新中野区政が今に伝え、これからに生かすもの

これまで書き続けてきて、それでは革新中野区政とは何だったのか、これからに生かすためにも、その総括ともいうべきものを書き残して置きたいと思います。

第１は憲法の平和主義と人権保障の実践、第２は自治立法権の先駆的行使、第３は住民参加の制度的保障、第４は福祉の充実は自治体の永遠の使命。

以上の４点に尽きると思いますので、以下簡潔にまとめます。

第１、憲法の平和主義と人権保障の実践についてです。中野区では区庁舎正面に「憲法を　生かそうくらしに　中野のまちに」のスローガンが堂々と掲げ続けられています。憲法を生かそうと、一言で言っても、そこに込められている思いには計り知れないほどの内容があるのです。それは、何よりも大切な日本国憲法の平和主義はもとより、憲法が保障する基本的人権、すなわち「包括的基本権としての生命・自由・幸福追求権、精神的自由権としての思想・良心・信教の自由、表現の自由、社会権としての生存権」（芦部信喜著『憲法』岩波書店、１９９３年より）などです。これらは国の法律で詳細は全て定

められますが、地方自治体においても、この憲法の精神を大切にし、行政のあらゆる事業を通じて、その精神を具現していくという責任があると思います。この憲法スローガンには中野区としてのその決意が込められているのです。このことを是非、読み取って欲しいのです。革新中野区政の28年間は、そのための探求と実践だったと言っても過言ではありません。

第2、自治立法権の先駆的行使については4、5、6章で詳述したように、中野区長準公選条例の制定、区民の条例制定直接請求を受けて制定された中野区教育委員候補者選び区民投票条例、平和行政の基本に関する中野区条例、中野区福祉サービスの適用に関わる苦情の処理に関する条例（オンブズマン条例）等などです。地方自治体は、憲法に明記された自治立法権を有するとしていますが、法律に準拠する自治体の義務としての条例制定とは別に、この権限を行使した議員立法や、法律の不備を埋めるような自主立法は多くはなかったと思います。ましてや〝準公選〟条例のように住民の直接請求で立法化した例は、当時、全国でも珍しく、東京23区では皆無でした。革新区政の下での中野区の自主立法は群を抜いており、その後、多くの自治体に広がっていく端緒となったのです。

自主立法には法令に違反しない範囲でとか、議員立法の場合は予算を伴わないものとか、何よりも、議会で多数の賛成を得ることなど、大きな壁があります。しかし、第1で述べたように、憲法が謳う基本的人権の充実を目指すための自治立法化はかなり可能ではないでしょうか。

人権保障とは反対に東京都公安条例等、むしろ人権を規制するような条例制定も少なからず見られますが、それらは別として、今も、そしてこれからも立法権を有する各級議会が、議案提案権などを行使しての自治立法についての研究と制定に大いに力を入れてほしいものです。

第3、住民参加の制度的保障についてです。

この点では、大内区長のもとで設置された特別区制度調査会答申で、「住区協議会と地域センター構想」が提案され、実現していったことはすでに詳しく述べました。そこでの提言をもう一度振り返ると、

（1）「住区協議会」とは、例えば施設の建設、環境の改善などの居住地域にかかわる問題を検討し、住区で一定の合意を形成して、区政担当者へ具体的提案を行うこと。

（2）「住区協議会」は設定された居住地域の多様な意見と利害を広く代表し得るような委員によって構成され、民主的に運営されることが必要である、としています。

これはまさに、行政の政策決定過程への参加、行政施策に対する住民目線でのチェック権の行使、自らの地域の問題は自らが決める、そして利害調整の責任等、単に一票を投じて済まされる問題ではない、住民参加による権利行使の新しい制度が作られ、15の地域の住区協議会は、期待されたこの仕事を生きと、そして着実に実行していたのです。民主主義の根幹は、選挙による代議制機関を通して行うのが第一義的です。だが、それだけでは不十分だとする説が、いまや支配的です。住民の意思を反映させるために、それぞれの置かれている地方・地域の状況に合わせた様々な直接参加の仕組みや参加のチャンネルがあって当然ではないでしょうか。中野区の「住区協議会と地域センター構想」は、その先端を行くものだったと思います。

自治＝分権、あるいは地方自治は民主主義の学校とは言い得て妙だと思います。隅々まで分権が生き

わたる努力と工夫が進められることを願わずにはいられません。

第4、福祉の充実は自治体の永遠の使命についてです。地方自治法第一条の二では、「地方公共団体は、住民の福祉の増進を図ることを基本として、地域における行政を自主的かつ総合的に実施する役割を広く担うものとする」、と明確に述べています。革新中野区政は、憲法とこの地方自治法に述べられている自治体としての使命と役割をとことん探求し、実践することだったのです。中野区や、ほかの革新自治体でも行われていた福祉の充実を目指す取り組みに対し、税金の無駄遣いだと、散々攻撃され、痛めつけられました。実はこれらの攻撃は、憲法と地方自治法の自治体の使命そのものを否定する質の悪い攻撃だったのです。

すでに詳述した中野区の障害者、高齢者、乳幼児、これから生まれてくる胎児の命をも守るとした福祉の理念は、ますます輝やきこそすれ、後退させてはならない自治体憲章でもあるのではないでしょうか。全ての区民、自治体関係者、とりわけ職員と議員にはこのことを肝に銘じてほしいと思います。

私自身の区議会議員としての活動には、至らないことがたくさんありましたが、この憲法と自治、福祉の精神だけは、一度として譲ることはありませんでした。

あとがき

この拙文をまとめるにあたって、つくづく感じたことは、文章を書く初歩的な知識が随分足りないことでした。句点の打ち方、数字の表記、「」の括り方はもちろん、起承転結もままなりませんでした。幸い、専修大学の晴山一穂名誉教授、かつて区議会議員として同僚だった江田徹さん、自治体研究社の職員の方々の助け船があり、それらがなければこの本は世に出せなかったと思います。改めて感謝申し上げます。

書き残しておきたいことはまだまだあるのですが、出版社から、あまり膨らませないほうが良いのではという助言を頂きましたので割愛しました。

1つだけ付け加えます。私がなぜこのように、中野区政と長い関わりを持ってきたか、補足しておきます。岩手県から上京したのが19歳の時です。すぐに日本民主青年同盟（民青）に加盟し、23歳で中野地区委員長になりました。当時の民青は全国組織であるため、新安保条約改定反対とか、ベトナム戦争反対などの政治闘争が中心でしたが、私は、地域でそこに暮らす青年たちの要求を取り上げて運動をするのも大切ではないかと考え、住み込み見習い美容師さんたちの定休日の獲得とか、仕事が終わった後でも公共施設が使えるように夜間の施設利用時間の延長を求める陳情運動などを組織していました。そのことが区議会の議員さんたちと知り合うきっかけとなって、第1章で述べたような区政民主化運動へと参加するようになりました。29歳で区議会議員選挙に日本共産党から立候補して初当選。『日本の地方自治と地方財政』（島恭彦、宮本憲一編、有斐閣）や『憲法講義』（小林直樹著、東京大学出版会）等をむさぼるように読みました。当選早々から、反自民五派連合結成の声明書の作成や、中野区の区長準公選条例案の作成（中心は、第6章で紹介の故工藤泰治さん）にも、机の片隅でしたが参加させていただきました。教育委員準公選条例制定直接請求運動の時は、大内区長が慎重だった影響もあり運動の中心にいませんでしたが、青山区長の条例公布からは、区長の間近かで、文字通り寝食を忘れての活動でした。中野刑務所廃止運動と平和の森公園を造る活動も生涯の思い出です。

62歳で議員を引退して、今、私は知的障害者のためのグループホームを運営する特定非営利活動法人を立ち上げてその責任者をしています。その仕事の傍ら、「九条の会・中野」や中野刑務所正門を文化財に指定し、保存する運動など様々の市民運動に関わっています。

政治からはとっくに引退したつもりでいましたが、酒井区長の選挙のとき、その選出母体となった「区民の声を聴く中野区政を実現する会」で選挙政策づくりに参加させていただいたこともあって、酒井区政の動向を注目しています。

このような形で、革新中野区政の歩みを一通りまとめたものはもちろん初めてだと思います。それ故に、記憶違いや、間違った叙述も多々あるのではと心配です。読者の皆さん、とりわけ区政に関わった方々で、この拙文に触れられた方はぜひご指摘とご批判を寄せて下さいますようお願い致します。

地方自治の本旨とは何か、地方行政はいかにあるべきかを中野区において模索し、創造し、そして実践された諸先輩への顔向けがようやくできたのではと、ほっとしているのが正直なところです。

繰り返しになりますが序文を書き下ろしていただいた渡辺治一橋大学名誉教授、「本書ができるまで」を寄稿していただいた晴山一穂専修大学名誉教授、そして兼子仁東京都立大学名誉教授、三上昭彦元明治大学教授、教職員組合の元役員であられた神山三郎さん、菊池恒美さんなどには感謝の言葉も見つかりません。

また、校正に協力をいただいた友人の塚原哲郎さん、木下絹子さん、表紙をデザインした根岸俊男さんにもお世話になりました。本当にありがとうございました。

写真を提供していただいた中野区にも感謝申し上げます。

この拙著を、物故された大内区長、青山区長の墓前に捧げます。そして今もご健在でおられる神山元区長、さらに、歴史に残るこの一時代を切り拓いた先輩区議の皆さん、職員の皆さん、そして様々の区民運動に携わった多くの区民の皆さん、日夜苦労をされている酒井直人区長に感謝を込めて捧げます。

2020年（令和2）3月3日

小澤哲雄

本書ができるまで

中野区革新懇代表委員
専修大学名誉教授・福島大学名誉教授
晴山　一穂

中野区革新懇（平和・民主・革新をすすめる中野区懇談会）は、これまで、国民・区民が主人公となる日本と中野の実現をめざして、さまざまな活動を行ってきました。その一環として、二〇一九年七月に、元日本共産党中野区議会議員の小澤哲雄さんによる「区民参加の壮大な実験―70～90年代の革新区政とは何だったのか――」と題する講演会を開催しました。

その内容は、全国的にも大きな注目を集めた七〇年代以降の中野革新区政の歩みを、革新区政を生み出す最大の要因となった住民運動の力、区民が選び出した革新区長による区民本位の先進的・革新的な施策の推進とそれを支えた区職員の努力、そして、社会党・共産党を中心とする革新与党と自民党を中心とする保守野党の対抗を軸とする区議会の動き、などを中心にしながら、長年にわたって革新区政を支えるために奮闘してこられた当事者の立場から、実にリアルに、かつ生き生きと描き出すものでした。座りきれないほど会場に詰め掛けた聴衆の強い要望をうけて、同年一一月には、当時の住民運動がいかなる意味をもっていたかに焦点をあてて、二回目の講演会が開催されました。

二度にわたる講演会はいずれも非常に好評で、このままで終わらせるのは惜しい、ぜひ話の内容を記録に残して後世に伝えてほしい、との声が数多く寄せられました。

本書は、これらの熱い声にこたえて、二回の講演の内容を基に、中野区革新懇の協力をえながら、小澤さんが著書という形でまとめられたものです。


中野革新区政が進められた時期は、京都府の蜷川府政を皮切りにして、東京都の美濃部都政、大阪府の黒田府政を初めとして、全国各地に革新自治体・民主的自治体の建設が進められた時期にあたります。これら中野区を含めて全国で展開された革新自治体は、戦後の地方自治の歴史のなかに大きな成果と貴重な教訓を生み出しました。しかし、戦後史の一時代を画したこの革新自治体の経験について、本格的に分析・検証したものや、当時の取り組みをきちんと整理・記録したものは意外なほど少ないのが現状です。こうしたなかで、中野区という一地域でなしとげられた革新自治体の経験と教訓をあざやかに描き出した本書は、かつての革新自治体の歴史と意義を再確認するためにも、また、今後の地方自治のあり方を展望するうえでも、大きな意味をもつものと思われます。

現在、市民と野党の共同・共闘の前進によって国政の民主的転換の展望が切り開かれつつありますが、このような政治の転換を求める全国の動きは、今後、現在の情勢にふさわしい新たな革新自治体・民主的自治体建設の時代を切り開く可能性をもっています。この意味において、かつての革新自治体の時代いを共有した世代の方々はもとよりのこと、未来の革新自治体建設を担うことになるであろう多くの若い世代の人々が本書を手に取って、地方自治のあるべき姿について語り合っていただけることを願っています。

本書の刊行にあたっては、中野革新区政に直接・間接に関わってこられた多くの方々から一文を寄せていただきました。また、資料や写真の収集・整理等の編集作業は中野区革新懇事務局長の江田徹さんに、表紙のデザインは中野区革新懇会員の根岸俊男さんにご尽力いただきました。最後に、本書の発行は、その内容に最もふさわしい出版社である自治体研究社に引き受けていただくことができました。記してお礼申し上げます。

二〇二〇年三月

資料

資料1　特別区制度調査会答申

特別区の制度とその運営について

昭和49年4月15日

東京都中野区特別区制度調査会

まえがき

当調査会は、東京都中野区長の諮問機関として、条例により設置され、昭和47年5月以来、次の3点の諮問事項について、鋭意、調査・審議を行なってきた。

①　特別区制度のあり方について

②　特別区の区長の選任方法について

③　民主的かつ合理的な行政運営について

これら諮問事項の調査・審議のなかばで、特別区制度に関して、区長公選制の採用を含む〔地方自治法の一部を改正する法律案〕が、第71国会に提出されるという情勢の変化が生じた。当調査会は、この変化を考慮し、昭和48年4月、区長の選任方法を中心とする特別区制度に関する見解を中間答申の形で提出した。この中間答申の提出にあたって、当調査会は、これが特別区である中野区に設置されたという趣旨から、できる限り中野区政の実態と問題点を把握し、その理解のうえにたって基本的な見解を明らかにした。

中間答申以降においても、この方針にしたがい、中野区政に関する区民からの意見聴取、中野区議会議員との懇談、中野区職員からの実情聴取、および中野区政に関する各種資料の検討に重点をおいて調査・審議を行ない、これまでに24回（通算、49回）の調査会議を開いてきた。

また特別区の財政と人事・事務のあり方については、個別に小委員会を設け、それぞれ東京都の行政担当者からも実情聴取を行なうとともに、専門的な検討をくわえてきた。

本答申は、このような検討のうえにたって、中間答申で審議がつくされなかった「民主的かつ合理的な行政運営のあり方」を中心に、中間答申で区長の選任方法との関連でふれた「特別区制度のあり方」についても、さらに具体的提案を含めて、当調査会の最終見解をとりまとめたものである。

当調査会の調査・審議にあたって多くの方々からご協力をいただいたことに、心から感謝する次第である。本答申が今後の区政のなかで生かされていくことを強く期待する。

I　本答申の基本的な考え方

特別区は、区長公選制の復活によって、昭和27年以前の状態、すなわち普通の「市」とほぼ同様の自治体となる。本答申は、このことを前提として、基本的見解をとりまとめたものである。

区長公選制の実現は、区長選任の方式が、たんに区議会による選任から区民の直接選挙に変わるだけのことではなく、それによって特別区が他の自治体にはみられない不合理な制約から脱却し、自治体としての最少限の要件を獲得することを意味する。

当調査会は、特別区の制度と運営の実態および改革を検討するにあたって、あらゆる面で、特別区を普通の自治体とみなすことを基本的な視点とした。この視点は、すでに当調査会が中間答申において提示した次の2点に明らかにされている。

①　区長公選制の復活と特別区の法的性格

少なからぬ区民が、区政の現状に対して、さまざまな不満や苦情を訴え、また区政担当者が、具体的に区政を運営するうえで諸種の困難やあい路に直面している。このような事態の基本的原因は、特別区がこうむっている法制度上の制約にある。それは、特別区が「大都市行政の一体性確保」を理由に東京都の「内部的部分団体」として扱われ、普通の自治体ならば具備すべき権能を制限されていることである。このことは、なによりも区民が区長を直接選挙できないことにあらわれている。

昭和39年の地方自治法改正によって事務・税財政の制度が改革されて以降、特別区は、事実上、ある程度「市」に近い機能をはたしてきた。しかし、区長公選制の復活は、区民と区政担当者の強い要望にもかかわらず見送られてきた。このことは、特別区が依然として制限自治体とみなされたことを意味している。

区長公選制の復活は、この特別区の法的性格を根本から変える意義をもつものであり、区長公選制を採用したのちの特別区は、法律のうえで、「普通地方公共団体」とみなされなければならない。

② 区長準公選の意義

区長準公選は、区長公選がとざされている不自然な現行制度のもとで、区議会が区長候補者の決定にあたって、事実上、区民の意思を直接反映させる方式である。この方式自体は、区長公選を可能にする法改正までの過渡的なものである。しかしその意義は、法改正によって区長公選が実現すれば消滅する一過性のものではない。区長準公選は、住民自治の観点からみて、次のような普遍的な意義をもっている。すなわち、区政担当者が解決できない事態を住民が条例の制定を求める自発的行動によって解決しようとしたこと、住民と区政担当者が制定した条例に基づいて公正な区民投票を行なう能力を発揮し、自主的な行動とそれにともなう責任の自覚という自治のあり方を示すと同時に、その責任ある行動によって国段階の法改正を触発し、推進したことである。

本答申は、以上のような中間答申で明らかにした視点をうけつぎ、さらに次のような「自主」、「参加」、「連帯」という3つの自治原理にたって、特別区の新しい制度と運営のあり方を提案する。

（略）

I—2 「参加による区政」の実現

区民からみた区政のあり方は、区政担当者が区民の当面している生活上の諸問題に積極的にとり組み、それらを適切に解決できる施策を展開しているかどうか、また、そのような問題解決の施策を区民の参加と監視のもとに立案・決定・実施しているかどうかによって判定される。

当調査会が、中間答申において区長準公選の運動とその実現の普遍的意義を強調し、それらの意義を区政運営の実際に積極的に生かす工夫が望ましいことを指摘したのは、区民の自発的行動が区政に活力を与えたからだけではない。

さらに、従来ともすれば東京都の出先機関のごとく考えられがちな特別区が、その実、他の自治体と同様に、住民生活と密着したもっとも大きな自治の機能を必要としていることを、区民・区議会・行政担当者に自覚してほしかったからである。特別区は区民にとって、自ら治めるという意味で、もっとも接近しやすい「最初の政府」であり、文字どおり、区民の区民による区民のための、身近な自治体でなければならない。区長準公選の実現は、このような自治のあるべき方向性の萠芽を示したものである。そうした方向性こそ、特別区の自治を構成する重要な要素でありそれは、区政における住民参加の実現である。

区民の批判や意見が、区政に反映するような組織と人事と運営の体制を整備し、それが有効に働いているかどうかをたえず点検することは、区政担当者のもっとも基本的な課題である。

中野区においては、区民との対話が強調され、区政担当者は、区民の批判や要望を区の施策に反映させる努力を行なっている。区政担当者が区民の自発的行動を前提としつつ、「参加による区政」を実現していくにあたっては、次の諸点が重要である。

(1)　区民が区政に対する苦情や要求を区政担当者に容易に伝えることのできる多様な方途をつねに開き、しかも、そのような方途の活用方法を区民に十分に知らせること。このためには、ひろく区民と区政のコミュニケーションを改善する必要がある。当調査会の意見聴取においても、こうしたコミュニケーションの必要を訴える区民が少なくなかった。

(2)　区政に対する区民の苦情を迅速かつ適切に処理し、また各種の要求を施策に反映される体制をつくること。区民の苦情や要求のなかには、区政担当者の態度や姿勢の改善あるいは創意工夫の案出によって、個別的に解決可能なものも多い。しかし、個々の区政担当者が区民の声に応えようとする意欲をもち、努力しているにもかかわらず、それに必要な専門的能力がともなわなかったり、役所組織のしくみや慣行、あるいは職場の環境が、そのような意欲や努力をはばんでいることも少なくない。この意味で、区政に対する区民の参加を効果あるものにするためには、職員参加をはかり、職場環境を改善することが不可欠である。その場合、とくに「参加による区政」の提唱が職員に過重な負担をおわせることのないように留意すべきである。

(3) 区民は個人として、また各種の機能的な団体の一員として区政運営に参加するだけでなく、さらに今後は、生活の安全と利便の共同性を基礎にして、新しい住区単位を形成し、自分たちの生活に影響をおよぼす区の施策の決定と実施の過程に参加する方式を独自に創出すること。このような新しい住民参加の試みとの関連で、町会・自治会など既存の地域住民組織のあり方を区民自身が再検討すべきである。

(4) 個別的な対策にせよ、計画的な施策にせよ、その決定過程に区民が参加できるためには、当事者としての区民が相互に討論し、区政担当者と交渉し協議する場と、それに必要な客観的で十分な資料・情報が区民に公開され提供されていること。そのような住民参加の場の設定に関して、区政担当者は区民に対して、物的、人的な支援を積極的に行なうと同時に、区政情報の公開を徹底させることが必要である。それを通じて、区民は、一層、区政を批判し、施策を発案できる力を育てるとともに、短期あるいは長期に、また他の施策との関連で実現可能な施策を選別し、それに要する経費を考慮できるようになる。

(5) 区民が一定の苦情や要求を行なった場合、その意向が区政の具体的な活動のなかに、どのようにしてとりあげられ、反映され、実施されたかを、できるだけ常時かつ迅速に区民の前に明らかにすること。これは、区政における決定結果に対する住民の批判と新たな要望を触発する契機となるだけでなく、区政担当者自身が、その施策や運営の効果を点検し、不備や欠点を是正、改善していくことにも役立つ。

(6) 区の具体的な施策を決定し、実施した直接の担当者がだれであるかを、区民が判別できるようにすること。たとえば、苦情の受付、福祉の相談、あるいは保育園への入園の決定などのさいに、行政の直接の担当者の所属・氏名を明らかにして、その責任の所在を明確にする必要がある。このような工夫によって、住民に対する行政担当者の個別責任を確立することができる。

(7)　区民から苦情や不満が出されたのち、その対策にあたる「待ちの姿勢」ではなく、区民の健康・安全・利便をそこなうような問題の発生をいち早く発見し、その顕在化や悪化を予防できる「先取りの対応」を実行していくこと。とくに心身障害者、低所得者、病弱者、母子家庭、老人など常人よりハンデキャップをもっている人びとに対する施設や、サービスは、必要が生じた場合には常に対応できるよう準備態勢を整えておくべきである。たとえば無認可保育園の普及は、こうした施設やサービスの貧困を間接的に物語っている。このような意味で、サービスの充実もまた「最初の政府」としての区の重要な課題である。

（略）

Ⅱ―2　新しい参加の方式と区の対応

(1)　「住区協議会」と「地域センター」

中野区は、「参加による区政」を区政運営の基本とし、対話集会を含む広聴活動や審議会の活用などを通じて、区民の意向を区政に反映させる努力を行なっている。

しかし、「参加による区政」を実現していくためには、区政担当者が、区民の個別的ないし集団的な苦情や要望を聴くだけでは十分でない。区民が一定地域の共通問題の解決策を、自らの手で、あるいは区政担当者と共同して作成し、それを区の施策の一環として実現することができなければならない。「参加による区政」の実現は、区政担当者と同じく、区民も問題を解決したり、あるいはそのための方向を提示できる能力をもっていることを前提にしている。区民は、区全体を対象にした問題よりも、住区単位の問題を対象にした場合の方が、そのような能力をより発揮しやすい。この意味で、居住地域を単位とした共同決定の方式を、新しい参加の形態として検討する必要がある。

こうした住区単位における区民参加を考えるさいに参考になるのは、上鷺宮地域において進められてきた実例である。この試みは、居住地の区民の間で協議会を設け、その協議会を通じて、地域の当面している諸問題を区民自身が調査し、具体的な解決策を案出し、区にその実施を要求しているものである。

区政担当者は、区民のこのような自主的活動に対応していくため、たとえば、居住地域を単位とした「住区協議会」（仮称）を設置し、区民参加の制度化を促進することを今後検討していくべきである。

また、新しい区民参加の動きや、将来の「住区協議会」の具体化に対応していくために、区政担当者は、当面、現在の出張所を「地域センター」（仮称）に拡充改組していくことが望ましい。

①「住区協議会」の構想

「住区協議会」については、次のような構想が考えられる。

ア「住区協議会」は、たとえば施設の建設、環境の改善などの居住地域にかかわる問題を検討し、住区で一定の合意を形成して、区政担当者へ具体的な提案を行なうこと。また、居住地域にかかわる広聴・広報活動、社会教育活動、集合施設の利用などの実施計画を作成することなどを主要なしごととする。

イ「住区協議会」は、設定された居住地域の多様な意見と利害を広く代表しうるような委員によって構成され、民主的に運営されることが必要である。

「住区協議会」を構想し具体化していく場合、とくに次のことを配慮する必要がある。

a「住区協議会」は、それぞれの住区ごとの特殊事情に応じたものとし、その画一化は避けること

b「住区協議会」は、一挙に全区的規模で実施しないで、実験的に試みて、その評価、反省のうえにたって、漸次拡大していく方法も考えること

c「住区協議会」については、区民・区議会・行政担当者が、それぞれ十分に検討し、できる限り、相互の間で合意を形成していくことが望ましいこと

d「住区協議会」は、区民の主体的な活動を基礎としたものであるので、区政担当者は、それを行政の末端機関やたんなる協力機関にしてはならないこと

以上のような「住区協議会」を構想し、その実現をはかっていく場合、既存の地域住民組織との関連が重

要となる。

町会・自治会に代表される既存の地域住民組織は、長年にわたって地域住民の親睦や交流につとめるとともに、地域住民の日常生活に共通する諸問題をあつかってきた。

しかし、これらの地域住民組織のなかには、ともすれば役員中心の組織になり、ひろく地域住民の自由な意見や要望を十分に吸収する努力を行なっていない、あるいは本来住民の自主的な組織でありながら、安易に行政の末端機関になっている、といった批判をうけてきたものも少なくない。

「住区協議会」は、区民の自主的な活動によってささえられるものであるから、これには、さまざまな地域の団体や組織が参加することになる。既存の地域住民組織が、このような多様な参加団体の1つとなりうるためには、区民によって自発的に形成され、民主的な運営を行ない、区政に対して自由な批判や責任ある提案を行なうことができる組織へと脱皮する必要がある。

② 「地域センター」

中野区社会教育委員は、「社会教育体系と今後の振興策について」の中間報告（昭和48年4月）において、「出張所は、将来、地域公民館の性格をもつものとし、社会教育施設としての機能を独立させ、専門職員の配置、設備の充実などをはかっていくことが望ましい」という趣旨の提案を行なっている。

区政担当者は、この提案の趣旨を生かし、さらに地域における参加の制度に対応していくため、出張所を「地域センター」に改組していくことを検討すべきである。

「地域センター」は、およそ次のような機構とすることが望ましい。

1）とりあえず現在の出張所11か所を「地域センター」に改組する。将来、さらに小規模な地域を単位として設置することを検討する。

2）「地域センター」は、区長に直結した組織にし、適材を「センター長」として配置する。なお、「センター」としての機能を十分に発揮できるように、たとえば社会教育活動の専門職員などを配置する。

3）「地域センター」は、下記のしごとを行なう。

ア　区政に対する要望・苦情の受付、住民との対話

集会の開催、各種情報・資料の提供
イ　地域にかかわる区の施策への参画
ウ　区民の自主的活動に対する援助
エ　集会施設の管理と運営
オ　一般窓口事務（現在の出張所事務の拡充を検討する）

（略）

Ⅲ―4　特別区の立法

地方自治体は、自治権に基づいて、その事務に関して独自に条例を制定することができる。この自主立法権は憲法第94条（「地方公共団体は、その財産を管理し、事務を処理し、及び行政を執行する権能を有し、法律の範囲内で条例を制定することができる。」）によって直接保障されている。したがって、地方自治体は、その事務の範囲に属する限り、条例によって住民の権利義務に関する規定を設けることができ、これについて、とくに法律の授権を必要としない。

中野区には、昭和48年5月現在で95の条例が制定されている。しかし、そのほとんどは、法令により制定が義務づけられている区の内部組織・人事・財政等に関するものや、公の施設の設置・管理に関するものか、あるいはサービス行政の内容・手続きを規定しているものであり、区民に義務や制限を課する条例は、法令による授権があるものに限られている。区の独自的な条例としては、いわゆる「草刈条例」（あき地の環境を保全するためあき地の所有者に雑草の除去を義務づけた条例）と「区長準公選条例」があるにすぎない。

このように中野区の条例が、従来、法令によって制定を義務づけられているものや、サービス行政に関するものに限られているのは、主として次の理由による。

(i)　特別区は地方自治法上、一般的には、住民に義務や制限を課する条例を制定することができると解されてきたが、特別区においては、このような条例の制定を必要とするような事態が表面化しなかったこと

(ii)　特別区の条例の対象となる事務の範囲が必ずしも明確でなく、また東京都の「内部的部分団体」として区政を運営する惰性から、この種の条例制定につ

いて、特別区は消極的であり、むしろ東京都に依存する姿勢をとっていたこと

しかし、中野区においては、たとえば、日照の保護、みどりの保全、消費者行政、公共用地の獲得など、区政担当者に新たな対応をせまる課題が発生しており、これらは現行法令を執行したり、サービス行政を拡大するだけでは解決することができず、条例制定を通じて区民に協力を求めることが必要となっている。

そこで、中野区を含めて、特別区における条例制定に関しては、次のように考えるのが妥当である。

①　特別区は、法令によって明確に禁止されていない限り、その地域に固有な問題については、それを自主的に解決するために、財産権の制限を内容とする条例を制定することができる。

②　法令と条例の関係は、地方自治の本旨にそい、条例の地域性を生かしていくことができるように弾力的に解釈していくことが必要である。特別区は、たとえば、公害、日照などの問題を、住民生活の実情に応じて適切に解決していくためには、法令によって定められた基準を上まわる内容をもりこむ、いわゆる「上のせ条例」を制定することを検討すべきである。

③　法令のうえで、また東京都との間で、必ずしも特別区の権限に属するものと明定されていなくても、特別区は区民の健康・安全・利便をはかっていくために必要な事務については、積極的に条例制定権を活用し、場合によっては、たとえば東京都などの公害防止条例の制定が示すように、国の法令の修正ないしは新たな制定を促進していくことも必要である。

④　条例の制定が区民の発案と請求の運動にささえられ、また条例にもりこまれる施策の内容や基準とその実施手続きについて、区民・区議会・行政担当者の間に合意が形成されてこそ、特別区における自主立法は真に確固としたものとなる。このことは、すでに区長準公選条例の制定をめぐる経験が明示している。

なお、中野区においては、とくに日照紛争への対処との関連で、日照基準の条例化が重要な課題となっている。現在、中野区では「中高層建築物に関する指導要綱」を設けて、行政指導の形で、この問題に対処しているが、このような実質的に財産権にかかわる行政活動は、できる限り条例に基づいて行なわれることが

望ましい。しかし、現実に区民の間で日照紛争が発生し、これに迅速に対処する必要があり、しかも現行法令によっては対処することができないならば、要綱に基づく行政指導も当面の方策として有用である。この場合には、次の諸点に配慮する必要がある。

ア　指導要綱の制定にあたっては、たとえば、区議会の意見を聞くことや、審議会を設けるなどして、ひろく区民の支持をうけることが必要である。

イ　指導要綱の適用には裁量がともなうが、その裁量を単独の担当者に委せるのではなく、たとえば合議制の採用によって、できる限り公平かつ客観的なものにすることが必要である。

ウ　日照問題にみられるように区民の間に紛争が発生した場合、区政担当者は、その解決を促進する方策を講ずるべきである。たとえば、第三者的な調停機関を設け、公平な裁定を行なう方法もある。

東京都中野区特別区制度調査会
会長　辻　清明
委員　芦部信喜
委員　佐藤　進
委員　高木鉦作
委員　山本　進
委員　和田英夫
専門調査員　大森　弥

中野区企画部広報課編『区政に関する答申集　昭和48年度〜59年度』中野区、1985年より

資料２　中野区補助金等検討協議会答申

中野区における補助金等のあり方について（答申）

昭和48年7月31日
中野区補助金等検討協議会

まえがき

中野区補助金等検討協議会は、中野区長の諮問に応じ、中野区が実施している区民または区内団体等に対する補助金、負担金その他の財政援助的支出（以下「補助金等」という）、区と区内団体等との事業の共催（以下「事業の共催」という）及び区内団体等の事務に対する区の組織または職員の関与（以下「事務従事」という）のあり方について調査検討するとともに、その検討を通じて区政のあり方についても考察してきた。

このうち、補助金等の部分については、本年1月19日付をもって中間答申を行なったところである。

今回の答申は、当協議会が補助金等についての中間答申を以後ひきつづき検討協議を行なってきた結果を中心にまとめたものである。なお、中間答申ですでに指摘したことについては、なるべく論及を避け、その後の経緯に鑑み、必要と思われる範囲内においてのみ触れることとした。

第１　区政と区民

区は、自治体である。

区政は、区民のものであり、区民の意思に基づいて、区民のために運営される。区政と区民とのあるべき関係は、区当局と区民またはその団体等が、互に協力して区民の福祉向上に努め、区当局は、区民またはその団体等の活動を援助し、区民またはその団体等は、進んで行政に参画するところに求められよう。区政は、こうした自治の本旨に沿って推進されるべきである。区政がそのような存在であるためには、何にもまして、区政が区民やその団体等に対して、開かれたものとなっていることを必要とする。すなわち、区民やその団体等が、区政に自由に参加し、発言し、批判し、監視できる体制になっていなければならない。

区民やその団体等は、自主性、自立性が保ちにくくなるような区からの特別の援助を受けるべきでないし、また、区当局は特定の区民や団体に特別の援助を行なうことによって、自由な批判を妨げるような結果を生じないよう厳に注意しなければならない。

ところで、区政の実施に当って、「補助金等、事業の共催、事務従事」は、費用や効果のうえで行政に便益をもたらすこともあるであろう。当協議会は、それをいちがいに否定しようとするものではない。しかし、その運用をみると、効果の疑わしい総花的な経費の支出になったり、特定の区民や団体に特別の援助をもたらす結果となっている場合も少なくない。しかも、こうした方法に安易に依存することは、往々にして、責任の所在を不明確にする。もともと行政の責任であるものが団体等の責任にすりかえられる場合があるし、その逆の場合も出てくる。また行政当局が、こうした方法によって困難な仕事を団体等に肩代りさせ、当面を糊塗しようとしたこともないではない。当協議会が指摘したいのは、これらの点である。

区当局の行政責任の明確化と区民の自由で積極的な区政への参加は、民主的な自治体運営の前提となるものである。その意味において、上記のような問題点に鑑み、「補助金等、事業の共催、事務従事」を通じて行なわれる行政には十分な検討を加える必要がある。

第2　補助金等

補助金等のあり方については、すでに中間答申において一定の基準を提示するとともに、個々の補助金等の検討を通じて、その問題点を指摘し当面とるべき措置について要望しておいた。

区当局が、昭和48年度予算の編成に際して、この答申を直ちに実施に移したことは高く評価できる。区のとった措置に対しては、対象団体等からさまざまな異論や反対意見があったとのことであるが、こうした異論や反対意見は、区政の民主的発展を願うという補助金等の検討、整理の基底にある精神が、区民に十分に理解されれば、おのずと解消されると考えるので、この精神が区民に正しく理解されるよう区当局の一層の努力を期待したい。

本答申は、以上の経緯に鑑みて、さきに中間答申において提示しておいた5つの基準（①効果があること、②重要性の優先、③平衡を失わないこと、④公正であること、⑤範囲の限定）を敷えんしつつ、行政協力団体その他の公共的団体への補助金について、さらに若干の指摘をしたい。これらには、区政と区民の望ましいあり方から見て、多分に改善の余地が残されていると思われるからである。

第1は、東京人権擁護委員協議会、中野区保護司会、民生委員協議会、伝染病予防委員会等、国または都の制度として、国または都が委嘱した委員等の組織に対する助成である。これらについての問題点は、国または都が、制度を作っただけで、その制度を有効に機能させるための裏付けとなる予算措置等を講ぜず、その結果、区の財政負担にしわ寄せが及んでいるところにある。このように、当該組織及びその構成員に迷惑をかける一方、区にその尻ぬぐいをさせる国や都のやり方は、まことに不都合というべきであるし、そのような尻ぬぐいの役割は、本来的には区の行政の範囲からはずれているといわざるを得ない。こうした制度上の欠陥については、むしろ国や都が改善の努力をすべきであるが、区としても国や都に必要な措置をとるよう求めることが望まれる。消防団や中野区公共事業就労者勤労振興会についても類似の問題がある。いずれにせよ、国や都との間の権限と責任の区分を明確にしないままに、従来からの慣行によって安易に補助金の支出を続けることには大きな疑問がある。

第2は、防火協会、防犯協会、交通安全協会等の行政協力団体に対する助成である。これらの団体は、いずれも消防行政あるいは警察行政に協力することを目的として、消防署あるいは警察署の所管区域を単位に、これらの行政と密接な関係がある者を中心として組織されており、区はこれらの団体が行なう防火思想、防犯思想、交通安全思想の普及、宣伝を主な対象として助成を行なっている。

行政協力団体に対する助成で注意しなければならないのは、近時、サービス行政への要請が強まる中で、行政がその責任を負うべき分野と私的自治にゆだねられるべき分野との境界がますますあいまいになってきているということである。また、これに関連して行政が責任を負うべきだと考えられる分野においても、国、都、区の責任の分担関係がきわめて不明確だということである。

こうしたあいまいさは、防火、防犯、交通安全等の行政においても見受けられるところである。

これらの行政を直接担当している消防署や警察署等の行政庁は、当然に一般区民より豊富な知識や経験を有するはずであるから、それらを区民に普及することが期待されている。そして従来、これらの行政庁は協力団体を通じてこうした普及活動を行ない、区は協力団体に補助金を交付するという関係にあった。しかし、このようなやり方は、行政の本来のあり方と責任の分担関係をきわめてあいまいにしている。これらの行政分野において、仮に、区もまた住民に最も身近な政府として、果すべき一定の役割があるとしたならば、区はどのような位置を占め、担当行政庁との役割分担をどのように定めるかを明らかにする努力が先ず必要である。区は、従来そうした点をあいまいにしたまま、行政協力団体に補助金を支出することでお茶をにごしてきたように思われる。

区はいったんその責任範囲を明らかにしたうえは、自らの責任に属する分野においては、直接その行政に当るべきで、安易に協力団体に事務を押しつけるべきではない。他方、行政協力団体は、区の補助金を求めるのが当然であるかのような考え方をすることなく、自らの能力の範囲において活動する方がそのあり方にふさわしいであろう。あらためていうまでもなく、補助金の有無が当該団体の活動の社会的意義を左右するものではない。

第3は、青少年対策地区委員会、子どもとともに進む会、少年団体協議会、ＰＴＡ連合会、体育協会等、それぞれ設立の目的、経緯等に違いはあっても、本来自主的、自立的に発展することが期待される団体に対する助成の問題である。

青少年対策あるいは社会教育行政において、現在区が支出している補助金は、すべて特定団体の一定の活動に対するものとなっている。例えば、ある地区の子どもとともに進む会が、現代っ子の心理について講師を招いて勉強し、話し合い、また他の地区の子どもとともに進む会が、子どもを理解するために子どもたちと一緒のハイキングを企画する場合、これらはいずれも補助の対象とされる。しかし、これらとまったく同じ内容の活動があったとしても、それが子どもとともに進む会の行事という形式をとらなければ補助の対象とされない。これは、区の補助が団体を特定したうえで、その団体の一定の活動を助成する方式をとっていることから生じている。当協議会は、こうした方式は望ましくないと考える。

区民の税金を支出する以上、補助金の交付を受ける団体の資格について一定の合理的な制限を設けることは当然必要であろうが、一定の活動を助成対象とする以上、同じ活動をしているもののうち、一方が助成対象となり、他方がならないのは筋が通らない。区の補助金は、事業の内容において一定の要件を満たす限り、すべての者に開かれるべきである。中間答申の5つの基準にあげたように、補助金が平衡を失わないようにすることは、区政を民主的に運営するうえで特に大切なことである。このことは、必ずしも補助金をますますふやすべきだという意味ではない。逆に、補助金を現に受けている団体等の活動と同じ内容の活動を、他の団体等が補助金を受けずに自力で実施しているような場合があれば、自主的、自立的団体の本来の姿に照らして、既存の補助金支出の妥当性の再検討が必要である。

なお、青少年対策にかかる部分においては、青少年問題協議会において、また、社会教育行政のあり方については、社会教育委員の会議において、現在それぞれ抜本的な検討が加えられているとのことである。具体的で体系的な改革の方策が明らかにされることを期待したい。

第4は、中野区医師会、同歯科医師会、同薬剤師会等の団体に対する助成の問題である。これらの助成には、やむをえない事情もあるようであるが、当協議会の聴取した限りにおいては、それらが行政上必要であるという積極的な理由は見出せなかった。こうした問題は、中野区単独では解決し難い事情があるとはいえ、特定団体のためのこのような助成をどこまで行なうかについては、平衡の観点からも慎重を期したい。

（略）

むすび

当協議会は、昭和47年6月6日に第1回の会合を開いて以来、現在までに21回の会合を重ね、中野区における補助金等、事業の共催、事務従事のあり方について検討協議を重ねてきた。この間、1月19日には中間答申を行ない、今回この答申を提出することとなった。補助金等、事業の共催、事務従事の問題点については、これまでにすでに具体的な指摘を行なってきたところであるが、最後にこれら全体を通じての基本的な問題点について付言しておきたい。

これらの方式が、すでに指摘してきたような多くの問題点をはらみながらも、なぜこのように区政の中に広く取り入れられ、定着し、慣行化してきたかを考えてみると、その最大の原因は、区当局に行政が何をなすべきであり、何をなすべきでないかについて、明確な理念がなく、厳格に自己を律するうえで欠ける点があったことにあるといえよう。

それと同時に、区民及びその団体等の側のそのような区政を助けた事情にも目を向ける必要がある。今後区当局が自らの姿勢を正そうとする際には、むしろこの方がより重要な問題点になり得ると考えられるので、この点についての正確な認識と対処が必要である。

その第1の事情としては、区内団体がこれらの方式を通じて区当局と一定の関係に立つと、会議室、掲示板等区の施設の利用、公会堂等区の有料施設の使用料の減免等さまざまな便宜を受けられることがある。区が本答申を尊重して、しかるべき措置をとるに当っては、こうした事情を十分考慮し、合理的に定められた一定の要件を満たすすべての団体に開かれた形で、何らかの便宜供与を工夫すべきであろう。

第2の事情としては、精神的な土壌の問題がある。それは区から補助金を受け、または区と共催し、あるいは区に事務局をおくことを「区からお墨付をもらった」、「公認された」と受けとる感覚が団体の側にないとはいえず、また一般区民にも、区と特別の関係があるというだけで、その団体に権威を認める傾向があるのを否定できないことである。たとえば、中野区が昭和48年度予算の編成に際して実施した補助金等の整理で対象となったある団体の会長から区長に出された要望書は、「区が補助金を出すことによって会員個々の活動が公に認められたというプライド」が会員のやる気をおこさせたとし、そのことをむしろ積極的に評価しているという。地域社会の発展にとって住民の善意や奉仕の精神が大切なことはいくら強調してもしすぎることはないが、もしもそれが権威主義に基づくものであったとするならば、そこには本当の民主主義は育たないであろう。

当協議会が、「補助金等、事業の共催、事務従事」を単に財政支出の適正化という見地にとどまらず、以上のような区政と区民の関係における民主主義の確立という観点から検討協議を行なったのも、それによって自治の問題点を探り区政の新しい展開のための提言をしたいと考えたからにほかならない。

もとより、3割自治といわれる現行制度の中で、中野区がなしうることには限界があろう。しかし、これまでの施策の変更、廃止を含めて、最も身近な政府がなすべきことはまだまだ多いはずである。またそのような努力の積み重ねこそが、自治権拡大への正道であり、それがひいては都政や国政の進歩発展にもつながっていくと当協議会は考える。

理想的な自治体の実現は、けわしいはるかな道ではあるが、地域の住民が愛着を持ち、誇りに思うような住みよい郷土を造りあげるために、中野区政が着実な前進を続けることを願って本答申の結びとしたい。

昭和48年7月31日

中野区補助金等検討協議会

委員　遠藤湘吉
委員　大木　明
委員　大河内暁男
委員　阪本　泉
委員　室　俊司
委員　吉田晴二

中野区企画部広報課編『区政に関する答申集　昭和48年度～59年度』中野区、1985年より

資料3

中野区教育委員候補者選定に関する区民投票条例

（目　的）

第一条　この条例は、日本国憲法、教育基本法の精神に基づき、区長が、地方教育行政の組織及び運営に関する法律（昭和三十一年法律第一六二号）第四条に定める教育委員会の委員（以下「教育委員」という。）を任命するに先立ち、区民の自由な意志が教育行政に反映されるよう民主的な手続きを確保し、もって教育行政の健全な発達を期することを目的とする。

（教育委員候補者の選定）

第二条　区長は、前条の目的を達成するため、区民の投票（以下「区民投票」という。）を実施し、その結果を参考にしなければならない。

（区民投票）

第三条　区民投票は、教育委員候補者になろうとする旨を区長に届け出た者（以下「立候補者」という。）について行う。

2　前項の区民投票は、郵便投票とし、四年ごとに行うものとする。

3　区民投票の投票期限は少くとも三十日前に告示しなければならない。

（立候補者の資格）

第四条　教育委員候補者になろうとする者は、区長の被選挙権を有する者で、教育に関して深い理解と識見を有するものとする。

（立候補の届出）

第五条　教育委員候補者になろうとする者は、第三条第三項の告示のあった日から五日以内に、郵便によることなく、文書でその旨を区長に届け出なければならない。

2　前項に定める届出をする場合には、区の住民基本台帳に登録されている年齢満二十年以上の区民六十人以上百人未満の推せん書を添付しなければならない。

第六条　削　除

（投票資格）

第七条　第三条第三項に規定する告示の日前十日現在において、区の住民基本台帳に登録されている年齢満二十年以上の者は、投票を行うことができる。

（運用の公正と運動の公営）

第八条　区民投票に関する運動は、教育の中立性を尊重して、公正に行われなければならない。

2　立候補者が行う運動は、区長と立候補者が別に定める協定によらなければならない。

3　区長は、前項に規定する協定を区報等で区民に知らせるものとする。

4　区長は、区民投票の公正を確保するため、次の事項を行う。

一　第三条により届出のあった者の経歴、主張及び見解等を記載した公報の発行及び配布

二　立候補者共同のポスター掲示及び意見発表会の開催

三　その他必要と認める事項

5　前条の規定により投票することができる者は、区民投票の公正の確保に関し、区長に意見を申出ることができる。

（結果の公表）

第九条　区長は、区民投票の結果を、区民に対しすみやかに公表しなければならない。

（委　任）

第十条　この条例の施行に関し、必要な事項は規則で定める。

（附　則）

1　この条例は、公布の日から施行する。

2　第三条の規定に基づく第一回目の区民投票は、昭和五十六年二月末日までに行う。

附　則（昭和五五年七月七日条例第二一号）

この条例は、公布の日から施行する。

中野区編著『教育委員準公選の記録　中野の教育自治と参加のあゆみ』総合労働研究所、1982年より

資料4

大内区長、都知事への審査申し立て書

審査申立

（昭和五四年一月八日　区長から都知事あて）

一　申し立ての趣旨

昭和五三年第四回中野区議会定例会において、昭和五三年一二月一五日中野区教育委員候補者選定に関する区民投票条例が議決されたが、当該条例の議決は違法であると認め、地方自治法第一七六条第四項の規定に基づき、昭和五三年一二月二六日再議に付したところ、同日同じ議決があったので、同条第五項の規定により審査を申し立てます。

二　請　求

昭和五三年一二月二六日の中野区議会における中野区教育委員候補者選定に関する区民投票条例の議決を取り消す旨の裁定を求めます。

三　理　由

㈠　教育委員会委員をいかなる方法によって選任するかの基本的な定めは、憲法によって国の立法政策に委ねられている。

教育委員会委員の選任方式は、地方教育行政の組織及び運営に関する法律（以下「地教行法」という。）第四条第一項によって「地方公共団体の長が、議会の同意を得て、任命する」こととされている。

地教行法は「教育の政治的中立性の確保、教育行政と一般行政の調和等」を制定理由として、従来の公選制を廃止し、任命制を採用したものである。

本条例は、教育委員会委員の任命に先立って、公選制に極めて似た効果をもたらす区民投票を実施することとしており、地教行法の趣旨からみて、法の許容する範囲を超え、違法である。

㈡　地教行法第四条第一項は、教育委員会委員候補者の選定の権限を長の専属的権限に属せしめている。

教育委員会委員候補者を選定するに際して、区民投票を実施し、その結果を尊重すべきことを条例によって長に義務付けることは、長の専属的権限を侵すこととなり、地教行法第四条第一項及び地方自治法第一四条第一項に違反する。

四　関係書類（略）

中野区編著『教育委員準公選の記録　中野の教育自治と参加のあゆみ』総合労働研究所、１９８２年より

資料5

審査申し立てについての都知事裁定

裁　定

（昭和五四年四月五日　審査申立人―区長　裁定庁―都知事）

審査申立人が昭和五四年一月八日付で提起した「中野区教育委員候補者選定に関する区民投票条例」の制定の議決についての審査の申立てに対して、次のとおり裁定する。

主　文

本件審査の申立てを棄却する。

理　由

（略）

第二　当庁の認定事実及び判断

1　認定事実

当庁の認定した事実は、次のとおりである。

(1)　申立人は、昭和五三年九月一日、東京都中野区の選挙人名簿に記載されている申立外黒田秀俊を代表者とする自治法第七四条第一項の規定に基づく「中野区教育委員候補者決定に関する区民投票条例」の制定請求を受理したこと。

(2)　申立人は、請求の要旨を直ちに公表するとともに、自治法第七四条第三項の規定に基づき、中野区議会臨時会を招集し、昭和五三年九月一八日、意見を付して、上記請求に係る条例案を、これに付議したこと。

(3)　中野区議会は、上記条例案を同臨時会において継続審査することとしたのち、昭和五三年第四回中野区議会定例会において、昭和五三年一二月一五日、題名及び内容の一部を修正したうえ、本件条例の制定の議決をしたこと。

(4)　申立人は、昭和五三年一二月二六日、本件条例の制定の議決は法令に違反するとして、自治法第一七六条第四項の規定により、これを再議に付したこと。

(5)　中野区議会は、昭和五三年一二月二六日、本件議決をしたこと。

(6)　しかるに、申立人は、本件議決がなお法令に違反していると認め、その取消しを求めるため、自治法第一七六条第五項の規定に基づき、当庁に対し本件審査の申立てをしたこと。

2　判断

(1)　地教行法第四条第一項は、地方公共団体の長（以下「長」という。）が、一定の資格及び要件を備える者のうちから、議会の同意を得て、教育委員を任命する旨を定めている。したがって、同条同項の規定からすれば、長が有する教育委員の任命権を法的に制約するような内容の条例は、同条同項に違反し、違法となるであろう。

しかし、このことから、地教行法が教育委員の選任に係る一切の事項について、条例により定めを設けることを排除しているものと即断することはできない。

(2)　教育委員の選任の手続は、長による教育委員候補者の選定にはじまり、議会への同意議案の提出、議会による審議・同意議決を経て、長による任命に至る各段階から成るものであるところ、地教行法は、長が教育委員候補者を選定するにあたって具体的にいかなる手続をとるべきかについては、何ら規定していないのである。したがって、この点について、地方公共団体が地教行法の定める長の権限を法的に制約しない範囲内で必要な定めを設けることは、何ら地教行法の規定に反しないものと解すべきである。

(3)　そこで、本件条例が教育委員の任命手続において、地教行法の定める長の権限を法的に制約するものであるかどうかについて検討する。

本件条例第二条は、「区長は、前条の目的を達成するため、教育委員候補者を選定するにあたっては、区長が実施する区民の投票（以下「区民投票」という。）の結果を尊重しなければならない。」と定めている。

すなわち、同条によれば、区長は、教育委員候補者の選定にあたり、区民投票の結果を「尊重」すれば足りるのであって、区民投票の結果に法的に拘束されるものではないと解される。

したがって、本件条例は、長の権限を法的に制約するものではないので、地教行法に反するものではない。

よって、申立人のこの点についての主張はとることができない。

また、本件条例を精査しても、その他法令に違反する点は認められない。

3　以上のとおりであって、本件審査の申立ては理由がないので、自治法第二五八条によって準用される行政不服審査法（昭和三七年法律第一六〇号）第四〇条第二項の規定により、主文のとおり裁定する。

中野区編著『教育委員準公選の記録　中野の教育自治と参加のあゆみ』総合労働研究所、1982年より

資料6　障害者福祉協議会答申

障害者の福祉に関し、中野区が今後概ね10年間におこなうべき具体的な施策について答申

昭和58年10月27日
中野区障害者福祉協議会

第1章　中野区障害者福祉対策の理念と方向

はじめに

心身に障害をもつ人を含めたすべての市民のくらしとしあわせを守り、その充実に力を尽すことは、区政の基本課題である。こうした区政の方向を、中野区基本構想では次のように定めている。

① 中野のまちは人の基本的な権利を守る。
② 中野のまちは人のくらしを大切にする。
③ 中野のまちはみずから参加してつくる。
④ 中野のまちは区民と区政が協働してともにつくる。
⑤ 中野のまちは人と人とを地域の中で結ぶ。

この中野区基本構想の理念は、完全参加と平等をテーマとする国際障害者年の理念と同じ方向をめざしているものである。よって障害者の人権保障を目的とする中野区障害者福祉対策は、これらの理念にのっとり、具体化するものでなければならない。なおここでいう障害者福祉対策とは、障害者が人間としてゆたかに生きるという、広い意味の福祉対策を意味するものである。

1．障害者福祉の基本理念

(1)　障害の社会的性格

障害者福祉の理念を考えるとき、まず障害が社会的条件によって規定されていることを理解する

ことが重要である。障害者が生活上さまざまな困難に直面することについては、一般によく理解されているところである。しかし、その困難が何によってもたらされるものかということになると、市民の間にいまだ十分な理解は形成されていない。一般的には、身体的特性によってもたらされた障害状態は、基本的には個人の問題であると理解されている。しかし障害者が直面する困難は、このような個人的な問題でなく、より社会的な性格をつよくもつものであるとする理解が、今日の世界のすう勢である。すなわち障害者福祉対策の未整備や立ち遅れが、身体機能上ならびに社会生活上の困難を大きいものとし、さらに市民の障害者理解の不十分さが、その困難をより大きいものとしていると理解すべきであろう。

(2) 社会への完全参加

障害者福祉の第2の理念は、障害者が市民社会の一員として、あらゆる場面の社会生活に参加し、生涯をとおして生きいきとくらせるようにするということである。この理念の実現のためには、障害者の社会参加を妨げている障壁の除去と、障害の軽減・克服への社会的援助がとりわけ重要となる。

障害者が社会の中の多様な場で働く機会をつくり、労働を通して積極的な社会参加をはかることはそのひとつの方向である。この実現のためには障害者の働く場の整備が必要となる。また市民生活を通して障害者の社会参加をはかるためには、市民の障害者理解を促進し、公共建築物や商店などを障害者が不自由なく利用できるよう改善することなどが必要である。

(3) 自立生活の実現

障害者福祉の第3の理念は、障害者が可能な限り自らのくらしと人生の主人公として、自ら人生設計をし、自立した生活を営むことができるようにすることである。

これまでややもすると、障害者は保護され、援護される者としてのみとらえられて、家庭生活や地域生活においても従属的位置におかれがちであった。しかし障害者福祉の目標は、障害者自身の自立を実現することにおかれるべきである。

ここでいう自立とは、単に日常の生活動作が自分でできるようになるという意味での自立、あるいは職業的自立としてのみとらえられるべきものではない。自立とはこれらのことを含みながらも、より広くその人が社会の中で生きがいをもって生きられる人生を、自ら選択し、決定して営むことである。したがって、これまでは社会的に独立しえないと思われてきた重い障害をもつ人の場合においても、生きがいを実感できる自立生活を実現するための社会的条件を整えることが重要となる。

(4)　協働の関係

障害者福祉の第4の理念は、区政ならびに市民が、障害者のくらしを豊かにし、ひいては「ともにつくる人間のまち中野」を実現するために、協働の関係をつくりあげることをめざすということである。

障害者福祉対策をすすめる中心的役割が、行政に課されたものであることはいうまでもないが、同時に障害者ならびに家族の努力や、障害者福祉向上への市民の積極的参加がなければ、その本来の目的を達成できないことも明らかである。ひろく市民が障害に対する正しい認識と理解をもち、仕事、生活、社会活動などのさまざまなくらしの場で、障害者との協働関係を築きあげる努力が不可欠である。

また区政と障害者の関係においても、障害者が単にサービスの受け手であるにとどまらず、区政を築きあげる過程に積極的に参加していくことが必要である。

2．障害者福祉対策の立案の考え方

以上の基本理念にのっとって、中野区における今後の障害者福祉対策を立案する際の考え方は、次のようなものである。

(1)　区行政の役割

中野区行政は、障害者のくらしに密着したところで、必要な行政施策を求められる形態で提供すべきである。したがって、そもそも住民のくらしを守る最小単位の自治体である区行政においては、国や都の行政施策以上にきめ細かな配慮が必要である。

このような見地に立つ時、中野区の障害者福祉対策は、一方では国や都の制度や施策の積極的活用をはかり、他方で国や都の行政では十分対応できない課題にくらしの実情や地域の特性に即しつつ、柔軟に対応することを基本姿勢とすべきである。

ところで、本来こうした行政施策をすすめるためには、相当の行財政上の権限が区行政に付与されていなければならない。しかし現実には、国および都との関係の中で、行財政上の権限に大きな制約があることも事実である。これについては、現状の条件の中で十分な行政施策をすすめることに努力しながら、国および都に対して行財政制度の改善を求めることが必要である。

(2)　行政施策の総合的実施

障害者や家族のニーズは、ほとんどの場合その生活上の必要からおこるものである。しかも生活上の必要は、個々の行政施策以上に複合的な性格をもっている。したがって施策の実施にあたっては、総合的対策として推進することが重要である。

しかし現状の施策の実行においては、施策ごとに管轄部門や担当部署が異なり、その連絡調整に支障をきたしている場合がある。また施策の効果を、障害者の生活に即して総合的に評価することにおいても、円滑さを欠く傾向がある。そのいずれも、行政施策の実行がたてわり行政の枠内でのみ行なわれ、障害者や家族のニーズについても、狭い枠の中でとらえられていることによっている。こうした状態を改善し、行政施策が総合的に実行されたときには、その実効が飛躍的に高まることは明らかである。

(3)　ライフサイクルへの対応と対策の一貫性

このこととあわせて、障害者や家族のライフサイクルに対応した障害者対策の一貫性をつくりあげることが重要である。

障害者対策とは、障害があっても一人の社会人として豊かな人生をおくることができるよう援助することである。ところが現状の障害者対策は、必ずしも乳幼児から高齢期までの障害者の生活の一貫性に対応したものとなっていない。ライフサイクルという視点から現状の対策をみると、必要な対策が欠落していたり、きわめて不十分なものしか実施されていない時期がある。学校卒業後の時期や、家庭のもつ介護能力の減退する時期などは、障害者対策がきわめて不十分で、対策の谷間を示す一例であろう。

とくに障害者福祉対策の立ち遅れのために、障害者の養育や介護が、ほとんどすべて家族にのみまかされている状態もある。その場合には、その負担は個人的努力の限界をこえていることが多く、障害者、家族ともに、健康で文化的な生活にはほど遠い事態になりがちである。

こうした障害者福祉対策の一貫性のなさが、障害者や家族の将来への不安をより大きいものにしている。それだけに、「一生涯を安心して生きいきとくらせる」という障害者福祉の実現に向けて、ライフサイクルに対応した障害者福祉対策を充実することがつよく求められるのである。

(4)　ニーズに対応したサービス

さらに、障害者にかかわるニーズのあるところには、積極的にサービスを提供する必要がある。したがって、障害者や家族に直接に行政的援護を行なうばかりでなく、障害者が働く職場や障害者がくらす地域にも、必要な情報や専門的援助を提供しなければならない。

現行の身体障害者福祉法では、障害者の範囲がせまく限定されている。そのために、実際は障害者と同様の日常生活上の困難をもっているにもかかわらず、障害者として認定されていないことから、不利益をこうむっている人もいる。この問題は、根本的には法の改正をまつよりほかはないが、区行政においては、こうした市民に対しても、可能な限り実情に即した判断をもとに、積極的援助を提供するよう配慮しなければならない。

また近年、障害の重度化が進行し、その生活上の困難がより深刻なものとなる傾向がある。これについても、そのニーズに対応した施策を優先的に実施しなければならない。さらに、婦人の障害者が家事、育児などの点で独自の困難をもちながら、十分な行政的援護を受けていない現状もある。こうした問題についても、対策立案上、必要な配慮を行なうべきである。

(5) 地域生活に密着したサービスの提供

障害者のくらしの機能に対応して、全中野区レベルの施策と、日常生活圏に密着した施策を結合した障害者福祉対策をすすめなければならない。

障害者の日常の生活圏域を、区が実施する障害者福祉対策の最小単位と考え、生活圏域ごとに障害者のくらしの諸機能を充実させていくことを重視する。なぜなら、居住地域の生活に一市民として深く根をおろしうるようにすることが、今後いっそう重要になってくるからである。

その際には、市民への一般的行政施策と障害者福祉対策との統合を、可能な限り追求することが必要である。また市民相互の協働関係の育成にも、配慮しなければならない。

(6) 行政の責務

これらの障害者福祉の向上をはかるうえで、区行政の責務はきわめて大きい。また、障害者福祉対策をすすめる区行政の展開においては、単に福祉部局ばかりでなく、区役所全部局での障害者問題への正しい理解や積極的な行政努力がつよく求められる。ややもすれば障害者の福祉対策をすすめる責任は福祉部局の専管と考えられがちであるが、今後は全部局が当該の行政事務の中で、障害者の福祉にかかわる施策をより積極的にすすめるべきである。たとえば、障害者に対するアパート提供事業は、本来的には区の住宅行政の中で行なわれるべきであり、視覚障害者に対する声の区報(区報テープ版)の発行は、障害福祉課の所轄から広報課の所轄に変更されるべきである。このように、すべての行政部局が区民の一人としての障害者に対する積極的な施策を推進することが、今後の基本方向となろう。そのうえにたって、個々の施策を総合的に調整し、統合するシステムを用意することが必要となるのである。

さらに、行政にたずさわる職員の専門性を高める努力を積極的にすすめ、あわせて専門職員の養成や研修についても、必要な対策を講じることが必要である。現在、理学療法士、作業療法士、ソーシャルワーカーなどをはじめとする専門職員の不足により、十分な援護を実行できていない状態を、これらの対策を講ずることで早急に解決することが必要である。また障害者への援助を提供する職員には、障害者や家族に対する人間としての深い理解と高度の専門性が不可欠である。したがって、職員のそうした人間的・専門的資質の涵養にも、区行政として努力すべきである。

以上のような基本理念ならびに考え方に立って、今後10年間に行なうべき施策が具体化されなければならない。本協議会としては、ここで述べた基本理念と次章でみる障害者の生活実態を勘案して、第3章で、今後10年間に行なうべき施策の大綱と方向を示し、第4章で、そのうちの重点課題と優先施策を、さらに第5章でこれらの施策をすすめるに必要な推進体制のあり方について提言する。

（略）

第5章　推進体制の拡充・強化について

本答申の第3章および第4章において述べてきた中野区の障害者福祉の今後おおむね10年間に行なうべき施策を、具体的に実現していくためには、推進体制の拡充・強化が不可欠である。

中野区の障害者福祉の推進体制の主たる担い手が、区行政の執行を委ねられた区長およびそのもとに組織されている行政諸部門とそこで働く職員であることはいうまでもない。したがって、その全般的な拡充・強化が必要なことは当然だが、とくに、本答申でとりあげ提示した障害者福祉施策を推進していくにあたっては、次の諸点を重視することが必要である。

第1に、障害者の特質に鑑み、たんなる行政面での拡充・強化だけでなく、障害者福祉にかかわる個別の救済措置を行なう第三者的機関としての障害者福祉オンブズマン制度を新たに創設し、そのことを通じて障害者に開かれた行政を実現し、行政面での活性化を図ることである。

第2に、区行政における推進体制としては、一般行政部門での障害者福祉への取り組みを強化するとともに、障害者福祉部門固有の分野において、とくに地域での訪問活動を主軸とした相談・援助体制について、その要員を確保するなどして、相談・援助活動の抜本的な改善を図ることである。

第3に、推進体制そのものは、区行政当局の行政活動にあることはいうまでもないが、同時に障害者福祉を推進するためには、広く市民全体の理解と協力を得ることが重要であり、そのために市民理解促進の活動を推進することが必要である。

第4に、推進体制を拡充・強化するに際しては、行財政制度面での改革や改善を伴うことが必要だが、それら制度面での問題点ならびに財源問題については、本協議会では十分な検討を行なえず、問題点の提示にとどめざるをえなかったので、今後、それらについては早急に検討を行なう必要があることである。

1. 障害者福祉オンブズマン制度の新設

一般に中野区における行政活動の推進は、執行権者としての区行政当局の責任で一元的に行なわれ、区議会のチェックをうける。しかし、障害者福祉にかかわる分野にあっては、そうした一般的な行政活動のシステムのみではカバーできない問題が生じる。そのことは障害者福祉の推進にとって大きなマイナスとなることが考えられる。

そうした問題が生じる要因としては、第1に障害者の問題が個別・特殊的な形であらわれ、一般にきわめて少数の問題であること、そのうえ、障害者の立場や発言力も著しく弱い場合が多く、加えて自らの権利行使さえ十分に行ないえない状態におかれた障害者もけっして少なくないことなどがあげられる。その結果、行政活動と市民たる障害者との緊張関係がしばしば不足しがちで、行政活動の積極性が失なわれかねない。

また、第2の要因としては、障害者福祉施策の現状が全般に著しく遅れており、それに伴う条件の整備が進んでいないこと、しかも、方法・技術的な面でも未経験のものが多く、なお今後に多くの試行や開発・研究を要するものがあることなどがあげられる。それらの行政活動推進上の諸条件の困難さは、しばしば行政活動における積極的な対応を欠くこととなりがちである。

こうした状況が存在するがゆえに、障害者とその家族が区行政の行なう障害者福祉施策について、十分に知らず、活用もできないといった状況がしばしばみられる。さらに、そうした施策を活用する意思があり、申し出が行なわれたとしても、何らかの理由で区行政による給付決定が行なわれない場合や、特定の行政措置に不同意だという場合もありうる。こうした場合のほかにも、現行制度や旧来の施策の枠を越えるような問題で、開拓的な取り組みが求められているような場合に、積極的な対応が敏速になされず、問題が放置されることもある。

そうした場合の救済措置としては、現行では行政不服審査法に基づく不服審査や行政事件訴訟法に基づく行政訴訟がある。しかしそれらは時間がかかるうえに実効性も薄く、弱い立場にある障害者にとっては利用が容易ではない。とりわけ、それらの苦情処理・救済手段は開拓的試行的措置が伴うことの多い障害者福祉の分野にあたっては、問題解決の手段として、必ずしもなじみやすいものでない。

しかも、行政活動の遅れが原因として、民間の社会的活動や近隣関係、さらには家族内の関係とかかわるところでも問題が生じ、障害者が市民として生活する権利を侵害されるといった事態が発生するようなこともありうる。そうした多くの場合を含めて、障害者の立場に立った実効性のある問題解決や救済措置がとられることが必要であり、そのことが、行政施策としての障害者福祉の推進において、行政活動の活性化をもたらす契機となろう。このことが、本協議会が新たに区行政から独立して救済措置を行なう第三者的機関として、障害者福祉オンブズマン制度の創設を提言する理由である。

(1)　障害者福祉オンブズマン制度創設の目的と任務

障害者福祉の基本理念を積極的に推進し、障害者の人権を守るという立場に立って、事前の救済措置を含めた実効性ある苦情処理・救済措置を行なう第三者的機関として、障害者福祉オンブズマン制度を新たに創設する。

この障害者福祉オンブズマン制度は、障害者福祉にかかわる個別の救済措置が必要な苦情や問題につき、関係者の申し出、通告もしくは推進委員の独自の判断に基づき、そのじん速で的確な解決のための調査を行ない、区行政当局はじめ関係行政機関や関係者に対し、必要な助言・勧告を行なうことを任務とする。

(2) 障害者福祉オンブズマン制度の構成と運用

オンブズマン（委員）は、障害者福祉の推進と人権保障という理念にふさわしい専門的識見をもつ者若干名で構成し、合議制（委員会）で意思決定を行なう。なお、委員会はその活動を常時円滑に行なうため、その活動を補佐するスタッフとして、専門調査委員を設置し、苦情受付けの窓口とするとともに、調査活動などに携わる。したがって委員会はスタッフと一定の予算を保障されて、区行政とは別個に活動することとなる。また、スタッフである専門調査委員および地域調査委員は、随時、地域において必要な調査活動に従事し、委員会の活動を補佐するとともに、具体的な実情把握に努め、事前の救済措置や問題解決の促進を図る。

(3) 設置および委員選任の手続き

障害者福祉オンブズマン制度の設置にあたっては、設置条例により、形式的には地方自治法上の付属機関とすることが望ましい。なお、オンブズマン（委員）の選任に関しては、区長が本協議会の意見を聞き、選任するなどの方法が適当と考える。任期はおおむね3年とするが、再任を妨げない方式とすべきであろう。また、専門調査委員および地域調査委員については本制度にふさわしい専門的識見をもつ者を、障害者福祉オンブズマンの推せんに基づき、区長が選任する地方自治法上の専門委員とすることが望ましい。

（略）

中野区企画部広報課編『区政に関する答申集　昭和48年度~59年度』中野区、１９８５年より

資料6　障害者福祉協議会答申

中野区障害者福祉協議会委員及び専門委員名簿

（任期・S59.3.24～61.3.23まで）

	氏名	現職	備考
会　　長	一番ケ瀬　康子	日本女子大学教授	
副 会 長	栗原　輝	中野区社会福祉協議会会長	
委　　員	園田　恭一	東京大学医学部教授	
委　　員	田端　光美	日本女子大学文学部社会福祉学科教授	
委　　員	手塚　直樹	身体障害者雇用促進協会調査役	
委　　員	寺脇　隆夫	長野大学産業社会学部社会福祉学科教授	
委　　員	野村　歓	日本大学理工学部建築学科助教授	
委　　員	安藤　功	中野区福祉団体連合会	
委　　員	江平　慶司	中野区福祉団体連合会	
委　　員	大川　清	中野区民生・児童委員協議会代表総務	
委　　員	大沢　良路	中野区子供と共に進む会連絡会代表	
委　　員	小川　伸一郎	都労連中野地区協議長	
委　　員	岡本　文夫	中野区福祉団体連合会	
委　　員	喜連　信義	百萬石醸造株式会社代表取締役社長	
委　　員	篠崎　定久	中野区福祉団体連合会	
委　　員	鈴木　田鶴子	中野区福祉団体連合会	
委　　員	関口　玲子	東京家庭裁判所調停委員	
委　　員	田中　保明	中野区福祉団体連合会	
委　　員	橋本　宗明	障害者と家族の生活と権利を守る中野区民の会会長	
委　　員	林　敬一郎	中野区医師会会長	
委　　員	光村　芳郎	中野区福祉団体連合会会長	
委　　員	山内　重徳	元中野区歯科医師会会長	60.3月まで
委　　員	辻塚　慶二	中野区歯科医師会会長	60.4月から
委　　員	長田　傳	元新宿公共職業安定所長	60.3月まで
委　　員	松山　秀雄	新宿公共職業安定所長	60.4月から
専門委員	山田　明	共栄短期大学教授	59.4月から
専門委員	西原　香保里	共栄短期大学講師	59.4月から
専門委員	落合　崇志	共栄短期大学講師	59.4月から

出所：中野区企画部広報課編『区政に関する答申集　昭和48年度～59年度』中野区、1985年

年表　中野区政に関する主なできごと

西暦・年号	事項
1971年（昭和46）	
4・11	区議会議員選挙
	自民党が48議席中22議席に後退
5・29	反自民五派連合を結成
10・8	大内正二氏を区議会が区長に選任
1972年（昭和47）	
9・1	老人健康診査（65歳以上）、高齢者健康診査（60～64歳）開始
9・3	休日診療開始
9・26	特別職報酬等審議会が「スライド制」答申
1973年（昭和48）	
1・19	中野区補助金等検討協議会第1次答申
2・12	中野区長候補者決定に関する条例（準公選条例）を区議会が可決
10・1	障害者福祉相談コーナーを庁舎1階に開設
10・1	高齢者ヘルパー派遣制度開始
1974年（昭和49）	
4・15	中野区特別区制度調査会が「特別区の制度とその運営について」を答申（「住区協議会」構想と「地域センター」も提案）
6・1	地方自治法改正で23区の区長公選制復活
8・12	寝たきり高齢者巡回入浴サービス開始
1975年（昭和50）	
4・1	23区初のゼロ歳児専門の区立野方ベビ

	ー保育園開園
4・27	区長・区議会議員選挙
	大内正二区長が再選
5・25	ひとり暮らし高齢者専用アパートの開設
9・6	中野刑務所の廃止を法務大臣が表明
10・10	在宅の重度障害者（児）に福祉手当を支給
1976年（昭和51）	
5・1	障害者福祉タクシー、三療サービス開始
10・1	緊急保育室開設
1977年（昭和52）	
5・21	上鷺宮住区協議会発足
5・24	「中野刑務所を廃止し、緑の防災公園をつくる区民大会」開催
1978年（昭和53）	
7・1	在宅寝たきり高齢者家庭に訪問看護制度を開始
7・1	ひとり暮らし障害者に介護人派遣制度を開始
9・1	「中野の教育をよくする会」が教育委員の区民投票条例制定の直接請求を提出
9・25	障害者アパートの開設
12・15	区議会が教育委員準公選条例を可決
12・26	区長が教育委員準公選条例を再議に付す
12・26	区議会が再度可決
1979年（昭和54）	
1・8	区長が「教育委員準公選条例は違法」として都知事に審査申立
4・5	都知事が教育委員準公選条例に関わる区長からの審査申立棄却を裁定
4・27	区長・区議会議員選挙
	青山良道氏が区長に初当選

5・25	区長が教育委員準公選条例を公布
7・10	鷺宮住区協議会発足
10・1	障害者福祉会館開設
1980年（昭和55）	
7・4	区議会が教育委員準公選条例を一部改正して全会一致可決
8・22	東京都都市計画地方審議会が中野刑務所跡地にみどりの防災公園をつくることを決定
11・1	教育委員選定区民投票実施本部発足
1981年（昭和56）	
1・20	「基本構想」制定
2・12～25	第1回教育委員候補者選び区民投票実施
11	中野区障害者福祉協議会が発足
12・5	障害者福祉の標語「障害のある人ない人みな区民　ともに歩もう中野のまちを」に決定
1982年（昭和57）	
3・26	区議会「核戦争防止、核兵器完全禁止・使用禁止に関する意見書」を採択
6・30	区議会「憲法擁護・非核都市宣言」の請願採択
8・14	憲法擁護・非核都市中野区宣言を公表
1983年（昭和58）	
3・31	中野刑務所廃庁
4・24	区長・区議会議員選挙
	青山良道区長が再選
5・27	夜の教育委員会を開始
8・12	大ロンドン市と「平和を守り核の脅威を取り除くための共同宣言」を行う
10・27	中野区障害者福祉協議会が「障害者の福祉に関し中野区が今後概ね10年間に行うべき具体的施策について」答申
1984年（昭和59）	

5・2	勤労福祉会館・女性会館前庭「母と子の平和像」の除幕式
1985年（昭和60）	
2・13〜25	第2回教育委員候補者選び区民投票実施
4・15	「障害者に関する中野区行動計画」策定
8・14	ドレスデン、マクデブルク両市長が中野区訪問、非核の共同宣言に合意
10・1	平和の森公園北側部分（2万5千㎡）開園
1986年（昭和61）	
4・23	青山区長逝去
6・15	区長・区議会議員補欠選挙
	神山好市氏が区長に初当選
8・15	平和記念碑を平和の森公園内に建立
9・5	北京市西城区と友好協力関係締結
11・1	知的障害者の生活寮を開設
1987年（昭和62）	
4・26	区議会議員選挙
6・1	ドレスデン・マクデブルク両市と非核共同声明実施
12・15	ニュージーランド・ウェリントン市と「世界平和へ向けての共同宣言」実施
1988年（昭和63）	
1・11	中野区教育委員選任問題専門委員が「教育委員選任制度の改革案」を報告
1989年（昭和64・平成元）	
2・1〜13	第3回教育委員候補者選び区民投票実施
1990年（平成2）	
6・3	区長選挙
	神山好市区長が再選
10・1	福祉サービス苦情調整委員制度（福祉

	オンブズマン制度）発足
11・8	第5回非核自治体国際会議（イギリス・グラスゴー市）に区長、区議会代表が出席
1991年（平成3）	
4・21	区議会議員選挙
10・1	高齢者白内障手術費用助成制度発足
1992年（平成4）	
4・1	中野区長期計画スタート
1993年（平成5）	
2・3〜15	第4回教育委員候補者選び区民投票実施
11・30	自民・民社が準公選廃止条例案を提出
12・9	本会議流会。廃止条例案は審議未了廃案
1994年（平成6）	
1・31	区民投票条例を廃止する条例を区議会で可決
6・5	区長・区議会議員補欠選挙
	神山好市区長が無投票3選
1995年（平成7）	
4・23	区議会議員選挙
9・28	「教育委員候補者を推薦する新たな区民参加のしくみ（素案）」公表
1996年（平成8）	
4	教育委員候補者区民推薦制度要綱施行
11・1	第1回教育委員候補者区民推薦書受付
1997年（平成9）	
1・16	第1回教育委員候補者区民推薦結果公表
3・25	「中野区教育行政における区民参加に関する条例」制定
1998年	

（平成10）5・24	区長・区議会議員補欠選挙
	神山好市区長が4選
12・25	財政健全化推進プランを策定
1999年（平成11）4・25	区議会議員選挙
9	介護保険事業計画素案を策定
2000年（平成12）3・31	館山健康学園の廃止
2001年（平成13）2	「中野区行財政5か年計画」の策定
2・26	第2回教育委員候補者区民推薦結果公表
2002年（平成14）6・9	区長選挙
	田中大輔氏が初当選
2003年（平成15）4・27	区議会議員選挙
2004年（平成16）4・1	区立保育園運営に指定管理者制度導入
10・7	「教育委員にふさわしい人材推薦（自薦・他薦）制度」実施
2005年（平成17）3・28	中野区自治基本条例公布
11・30	コミュニティーバス「なかのん」運行開始
2006年（平成18）1	「新しい中野をつくる10か年計画」の策定
3	「行政革新5か年プラン」の策定
6・11	区長選挙
	田中大輔区長が再選

2007年（平成19）	4・22	区議会議員選挙
2008年（平成20）	3・31	小中学校の統廃合計画を実施 桃園第三・仲町・桃丘小学校、第六・第十一中学校を閉校
	4・1	桃花小学校、緑野中学校が初の統合新校として開校
2009年（平成21）	4・1	障害者福祉会館に指定管理者制度を導入
2010年（平成22）	5・23	区長・区議会議員補欠選挙 田中大輔区長が3選
2011年（平成23）	4・24	区議会議員選挙
	7・19	地域センターを廃止し、地域事務所・区民活動センター開設
2012年（平成24）	6	中野駅周辺まちづくりグランドデザインVer.3を策定
2013年（平成25）	4・1	中野区立図書館に指定管理者制度を導入
2014年（平成26）	6・8	区長選挙 田中大輔区長が4選
2015年（平成27）	3	「平和の森公園再整備計画」を報告
	4・26	区議会議員選挙
2016年		

年	月日	できごと
（平成28）	4・28	区役所・サンプラザ地区再整備実施方針策定
	6・9	平和の森公園再整備基本計画策定
	12	新しい区役所整備基本計画策定
2017年（平成29）	3	「哲学堂公園及び哲学堂公園周辺都市観光拠点整備計画」策定
	3・27	中野区役所の位置の変更に関する条例制定
	10・4	「哲学堂公園再生整備基本計画（案）」報告
2018年（平成30）	6・10	区長・区議会議員補欠選挙 酒井直人氏が区長に初当選
	11・12	区が「平和の森公園再整備工事の変更案」を区議会建設委員会に報告
2019年（平成31・令和元）	2・7	「哲学堂公園再生整備計画」見直しを区が公表
	3・15	平和の森公園再整備工事の変更に関わる補正予算案を区議会が否決
	4・21	区議会議員選挙
	11・15	文化庁文化審議会が哲学堂公園を国指定の「名勝」に答申

参考文献一覧

中野区著『中野区史　昭和資料編　二』中野区、１９７２年
中野区著『中野区史　昭和編　三』中野区、１９７３年
中野区著『中野区史　昭和資料編　三』中野区、１９７３年
伊ケ崎暁生、兼子仁、神田修、三上昭彦編著『教育委員の準公選　教育を父母・住民の手に』労働旬報社、１９８０年
中野区企画部広報課編『区政に関する答申集　昭和48年度〜59年度』中野区、１９８５年
青山良道著『非核都市運動　草の根から国際連帯へ』エイデル研究所、１９８５年
中野区議会史編さん委員会編『中野区議会史　本史』中野区議会、１９８７年
中野区著『住区協議会と地域センター構想』中野区、１９８７年
一番ヶ瀬康子、大森彌、田端光美編著『中野区・福祉都市への挑戦　21世紀にむけての地域型福祉サービス』あけび書房、１９９３年
芦部信喜著『憲法』岩波書店、１９９３年
野方・新井地域中野の教育をつくる会編『今を生きる　熱く燃えつづけて　第四回中野区教育委員選び区民投票に参加した区民の記録』白石書店、１９９４年
中野区編著『教育委員準公選の記録　中野の教育自治と参加のあゆみ』総合労働研究所、１９８２年
中野区編著『教育委員準公選の記録２　中野の教育自治と参加のあゆみ』エイデル研究所、１９８６年
中野区編著『教育委員準公選の記録３　中野の教育自治と参加のあゆみ』エイデル研究所、１９９０年
中野区編著『教育委員準公選の記録４　教育自治と住民参加』エイデル研究所、１９９４年

小澤　哲雄（おざわ・てつお）旧姓志田

1941年　生まれ（出生地　岩手県大船渡市）
1971年　中野区議会議員初当選（日本共産党公認）
　　以来　8期32年間議会活動に従事
この間　中野刑務所移転促進調査特別委員会委員長
　　教育委員候補者選び区民投票条例審査特別委員会理事
　　総務委員会委員長
　　予算・決算審査特別委員会委員長
　　区民委員会委員長
　　文教委員
　　建設委員・都市計画審議委員など歴任
2003年　区議会議員引退
　　中野区選挙管理委員
現在　特定非営利活動法人みんなの広場理事長
　　（障害者共同生活援助事業を展開）
　　新日本スポーツ連盟中野区連盟理事長
　　同　中野区テニス協議会会長
　　「九条の会・中野」企画担当運営委員
　　等

地方自治を拓く

70～90年代の革新中野区政の経験から

2020年4月30日　初版第1刷発行

著　者　小澤哲雄
発行者　長平　弘
発行所　株式会社　自治体研究社
〒162-8512
東京都新宿区矢来町123　矢来ビル4F
TEL　03-3235-5941
FAX　03-3235-5933
https://www.jichiken.jp/
E-mail：info@jichiken.jp

印刷所
製本所　モリモト印刷株式会社
DTP　赤塚　修

ISBN978-4-88037-709-4 C0031

自治体研究社の出版物

宮本憲一著

[増補版] 日本の地方自治　その歴史と未来

A5判　定価（本体2700円+税）

地方自治の制度史だけでなく、政府と地方自治運動の対抗関係の中で生まれる政策形成の歴史を総合的に描き、地方自治の持つ意味を紹介する。地方自治関連年表（1867年~2015年）も掲載。[現代自治選書]

岡田知弘著

公共サービスの産業化と地方自治
「Society 5.0」戦略下の自治体・地域経済

A5判　定価（本体1300円+税）

国、自治体の政策決定から公共サービスや公共施設の運営、公共機関が持つ国民、住民の個人情報まであらゆる公共領域が成長戦略の「市場」として狙われている。自治体政策や地域経済はどう変質するのか、対抗軸を示す。

白藤博行著

地方自治法への招待

A5判　定価（本体1500円+税）

辺野古訴訟や国立景観訴訟など、具体的な事例に即して、地方自治法が憲法の保障する民主主義への道の一つであり、基本的人権を具体化する法律であることを明らかにする。憲法で地方自治法を、地方自治法で憲法を考える。

寺島渉著

地方議会改革の10年

A5判　定価（本体1600円+税）

地方議会は住民を代表し「住民自治の根幹」として自治を担う主役。しかし首長の追認機関から脱け出せず、議会機能を発揮できない地方議会も少なくない。特徴ある地域経営を発展させる地方議会のあり方を提出する。